高等院校学前教育专业创新型系列教材

幼儿文学阅读鉴赏实践

张 潺 刘 芳 田丽红 主 编
于 星 田 娣 李 仙 副主编

清華大学出版社
北京

内 容 简 介

本书主要根据幼儿教师儿童文学理论素养、幼儿文学实践能力和幼儿教师教学能力需求确定内容编排。本书突出幼儿教师情境教学能力培养的实际需要，以及儿歌、幼儿诗、幼儿童话、幼儿绘本等在幼儿园教育教学工作中的实际运用和能力需求。本书内容包含七个项目：项目一为幼儿文学的基本认识、项目二为儿歌鉴赏与实践、项目三为幼儿诗鉴赏与实践、项目四为幼儿童话鉴赏与实践、项目五为幼儿生活故事鉴赏与实践、项目六为幼儿绘本鉴赏与实践、项目七为幼儿戏剧鉴赏与实践。本书配有微课、课件等教学资源。

本书在内容上融入素质目标元素，旨在提高学生的文学修养、职业素养和教育情怀。本书可作为职业院校和师范专科院校学前教育、早期教育专业教材，也可作为幼儿园教师在职参考书。

图书在版编目（CIP）数据

幼儿文学阅读鉴赏实践 / 张潺，刘芳，田丽红主编．—北京：清华大学出版社，2023.6

高等院校学前教育专业创新型系列教材

ISBN 978-7-302-63545-1

Ⅰ.①幼… Ⅱ.①张… ②刘… ③田… Ⅲ.①学前教育－阅读课－高等学校－教材 Ⅳ.① G613.2

中国国家版本馆 CIP 数据核字（2023）第 087769 号

责任编辑：张 弛
封面设计：刘 键
责任校对：刘 静
责任印制：丛怀宇

出版发行：清华大学出版社
网　　址：http://www.tup.com.cn，http://www.wqbook.com
地　　址：北京清华大学学研大厦 A 座　　**邮　　编：**100084
社 总 机：010-83470000　　**邮　　购：**010-62786544
投稿与读者服务：010-62776969，c-service@tup.tsinghua.edu.cn
质量反馈：010-62772015，zhiliang@tup.tsinghua.edu.cn
课件下载：http://www.tup.com.cn，010-83470410
印 装 者：三河市铭诚印务有限公司
经　　销：全国新华书店
开　　本：185mm × 260mm　　**印　张：**9.5　　**字　　数：**190 千字
版　　次：2023 年 6 月第 1 版　　**印　　次：**2023 年 6 月第 1 次印刷
定　　价：48.00 元

产品编号：094581-01

前言

党的二十大报告指出：我们要办好人民满意的教育，全面贯彻党的教育方针，落实立德树人根本任务。“百年树人，始于幼学”，3～6岁是个体性格形成的关键期，是个体心灵塑造的最佳期。这一时期启蒙的教育内容决定了人生品质，因此选择品质高雅的与幼儿心灵相通的经典文学，塑造幼儿美的心灵，是一劳永逸的素质教育。

《幼儿园教育指导纲要（试行）》中指出：要引导幼儿接触优秀的儿童文学作品，使之感受语言的丰富和优美，并通过多种活动帮助幼儿加深对作品的体验和理解。作为一名未来的学前教育工作者，学习幼儿文学的鉴赏、创编与讲演对于了解幼儿心理，进行智育、德育、美育都有一定的帮助，使幼儿在阅读、欣赏幼儿文学作品的过程中，潜移默化地受到思想、品德方面的启发和教育以及情感、情操、精神境界等方面的感染和影响，从而亲近幼儿、走进幼儿。

本书遵循《幼儿园教育指导纲要（试行）》《3～6岁儿童学习与发展指南》《幼儿园教师专业标准》等政策文件要求，按照“理实一体化”“做中学、做中教”等职业教育教学理念编写而成。在编写上以基础知识为指导，能力训练为目的，瞄准“幼儿文学鉴赏、创编、讲演职业能力”的培养，尝试打破传统幼儿文学教材模式，根据幼儿园常用的文学作品类型精简内容为7个项目：幼儿文学的基本认识、儿歌鉴赏与实践、幼儿诗鉴赏与实践、幼儿童话鉴赏与实践、幼儿生活故事鉴赏与实践、幼儿绘本鉴赏与实践、幼儿戏剧鉴赏与实践。

本书主要有以下几点特色。

（1）融入素养，立德树人。从课程特点、专业标准和职业要求出发，确立了文学修养、职业素养和美好品质三个维度的育人目标。将增强文化自信，培养教育情怀，培育良好师德以及勇于创新、服务社会等美好品质融入教学项目。坚持育人导向，推动幼儿文学课程与思政课程同向同行、协同发展。如在儿歌鉴赏与实践项目，以案例、拓展资源的形式引入中国传统儿歌集，使学生在儿歌鉴赏中了解中国民俗文化，在儿歌创作中培养创作才能，在儿歌教学中培育良好师德。

（2）课岗融通，任务导向。本书内容的遴选与编排以幼儿园教师工作任务为导向。每个项目引入幼儿园教师典型工作任务，结合培养目标，制订情境导入、思考答疑、实践演练、考核评价、课后提升等，主动与幼儿园职业资格标准接轨，引导学生开展有目的的学习，培养学生的职业能力和可持续发展能力。

（3）校企合作，双元开发。本书编写团队多元化，既有高职院校学前教育骨干教师，也有小学、幼儿园等具有丰富实践教学经验的一线教师，以科学严谨的工作态度和职业精神，确保本书内容的典型性、先进性和可操作性。

（4）教材结构，活页设计。一方面，与普通装订不同，本书具有可拆解和可自由组合的特性，内页可以随着任务内容及时抽出或者加入新的教学内容，以达到最佳编写质量。另一方面，还体现在内容和组织逻辑上的灵活。每一项目开头设有项目概述和学习目标，通过课前自学、自学自测让学习者自觉掌握项目基本知识，课中实训发布系列任务实现做中学、学中做，课后提升、考核评价、拓展资源可以巩固学习效果。

本书由张潺、刘芳、田丽红担任主编，于星、田娣、李仙担任副主编，张潺负责本书的修改和统稿工作。本书各项目编写分工如下：项目一、项目二由济南职业学院张潺编写，项目三由济南职业学院刘芳、李仙编写，项目四、项目五由济南职业学院田丽红、李仙编写，项目七由东营经济开发区东凯第二小学于星编写，项目六由济南市槐荫实验幼儿园田娣编写。

本书在编写过程中，引用了诸多国内外相关专著、教材和论文，在此向相关作者表示感谢！本书在编写过程中得到了清华大学出版社的大力支持，在此一并表示感谢！

编　者

2023 年 3 月

教学课件

目 录

项目一　幼儿文学的基本认识

项目一　学习导航

【项目概述】

《幼儿园教育指导纲要（试行）》指出，应“引导幼儿接触优秀的幼儿文学作品，使其感受语言的丰富和优美，并通过多种活动帮助幼儿加深对作品的体验和理解”。幼儿文学是学前教育课程的重要资源，优秀的幼儿文学作品能够促进幼儿认知、语言、情感、个性和社会性等各方面的发展，是幼儿成长道路上的精神食粮。

本项目重点学习幼儿文学的概念、类型和历史发展，并在此基础上结合具体作品分析幼儿文学的特征。

【学习目标】

知识目标：

1. 理解幼儿文学的概念内涵。
2. 了解不同时期中外幼儿文学史的代表人物和作品。
3. 掌握幼儿文学的特征。

能力目标：

1. 能够结合思维导图理清中外幼儿文学的历史发展脉络。
2. 能够结合具体作品分析幼儿文学的特征。

素质目标：

1. 初步感受幼儿文学的魅力，提高文学修养，增强文化自信。
2. 树立正确的职业理念，科学的儿童观、教育观，仁爱之心。
3. 美好品质：创新思维、自学能力、思辨能力。

案例先导

小　老　鼠

小老鼠，上灯台；
偷油吃，下不来。
吱吱吱，叫奶奶；
奶奶不肯来，
叽里咕噜滚下来。

（资料来源：李光迪，等．中国童谣 [M]. 北京：朝华出版社，2018.）

思考：

1. 阅读《小老鼠》，想一想这个作品适合幼儿欣赏吗？
2. 回忆小时候喜欢的儿歌、故事等，谈谈你对“幼儿文学”的理解。

课前自学

一、幼儿文学的概念与内涵

“幼儿文学”这个概念包括了“幼儿”和“文学”两个关键词，要解读它的内涵，必须先明确以下两个问题。

（一）何为幼儿

“幼儿”这个词语，从字面来看是指年幼的儿童，而“儿童”泛指 0 ～ 18 岁的未成年人。发展心理学把 0 ～ 18 岁的发展时期分为新生儿期（0 ～ 1 个月）、乳儿期（1 个月～ 1 岁）、婴儿期（1 ～ 3 岁）、幼儿期（3 ～ 6 岁）、童年期（6 ～ 12 岁）、少年期（12 ～ 15 岁）和青年初期（15 ～ 18 岁）。蒋风在其主编的《幼儿文学》一书里，将为 0 ～ 3 岁、3 ～ 6 岁、7 ～ 12 岁和 13 ～ 18 岁儿童服务的文学依次定义为婴儿文学、幼儿文学、儿童文学和少年文学。目前学界普遍认同的是，幼儿文学是指为 0 ～ 6 岁的学龄前儿童服务的文学，它的主要接受对象是 3 ～ 6 岁的幼儿。

（二）何为文学

“文学”这个词语，从通常意义上来讲，是指以语言为手段塑造形象来反映社会生活、表达作者思想感情的一种艺术，包括诗歌、散文、戏剧、小说等体裁，而在各种文体中，又有多种多样的艺术表现手法。

领会了“幼儿”和“文学”这两个关键词的内涵后，我们应该对“幼儿文学”确立以下两个方面认知。

1. 幼儿文学必须是“文学”

幼儿文学具有文学的一般特性，符合文学创作的一般规律。①文学是语言的艺术，要通过语言文字来塑造艺术形象。②文学通过创造艺术形象来反映社会生活。③文学通过艺术形象发挥教育作用，这也是幼儿文学的一个重要特点。④文学作品充满想象和幻想的色彩，而幻想也是幼儿文学最主要的特征之一。幼儿在童话世界里可以尽情自由翱翔，这对促进他们想象力、创造力的发展具有不可替代的作用。

2. 幼儿文学必须是“幼儿”的文学

（1）幼儿文学必须是“幼儿”的文学。《幼儿园教育指导纲要（试行）》指出，应“引导幼儿接触优秀的幼儿文学作品，使其感受语言的丰富和优美，并通过多种活动帮助幼儿加深对作品的体验和理解”“利用图书、绘画和其他多种方式，引发幼儿对书籍、阅读和书写的兴趣，培养前阅读和前书写技能。”因此，幼儿文学的题材应以幼儿熟悉的生活为主，反映幼儿的想象世界，培养幼儿的优良品质，如勇敢、爱劳动、讲卫生、团结互助、爱父母、不自私等。

（2）幼儿文学是幼儿能够接受的文学。语言运用上，要考虑作品的词汇是否与幼儿已经拥有的口语词汇相当；在题材内容选择上，要考虑幼儿读者是否具有理解作品的相关知识与经验；在篇幅设计上，要考虑幼儿的注意力时间长度等。总之，幼儿文学的内容与形式都应符合幼儿的心理需求与思维方式。

综上所述，我们对幼儿文学的定义为，以 3 ～ 6 岁幼儿为主要接受对象，符合幼儿发展需求、适合幼儿接受并具有独特艺术性和丰富价值的各类文学作品的总称。

从文体角度看，幼儿文学包含以下类型：儿歌、童话、幼儿诗、幼儿生活故事、幼儿图画书、幼儿科学文艺、幼儿散文、幼儿戏剧、寓言等。

二、幼儿文学的接受主体

（一）幼儿的感知觉

幼儿感知事物的能力尚处在迅速发展和完善的阶段。幼儿观察事物的特点是大轮廓、粗线条的，容易抓住作品中形象的外部特征。这就要求幼儿文学作品应多着墨于人物（含拟人形象）外部形象的描绘，而大段的心理描写和独白则不适于幼儿文学作品。幼儿的时间和空间感知水平低，因此，在幼儿文学作品中最好使用笼统模糊的时间词汇，像“从前”“很久很久以前”，因为幼儿的空间知觉水平较低，因此在为较小幼儿创作图画读物时，背景不要过于复杂，尽量避免重叠现象。

（二）幼儿的注意与思维

幼儿无意注意占优势，对于鲜明、生动、具体事物、有变化的刺激物以及个人有兴趣的事物，容易引起幼儿的无意注意。这要求幼儿文学作品的开头尽量简短，要及早提出人物性质和行为发展线索，故事情节要生动、曲折、紧张、有趣；篇幅不要过长。幼儿以具体形象思维为主，抽象思维能力较低，概括能力较低，不易掌握抽象的概念；判断和推理能力、理解能力都处于发展阶段。因此，幼儿文学作品的题材要以幼儿熟悉的生活为主，用幼儿能理解的语言塑造幼儿熟悉的形象，构思富于幼儿情趣的情节。

（三）幼儿的记忆与想象

幼儿的记忆带有极大的无意性，记忆方式以机械识记为主，往往只能记住富有吸引力的内容。这要求幼儿文学作品的语言合辙押韵、朗朗上口，形象生动活泼，故事情节曲折、富于幻想。幼儿以无意想象为主，想象的主题容易变化，想象与现实常常分不清，想象在具体形象的水平上进行，在词语的水平上进行创造性想象的能力还很低。因此，幼儿文学作品中的幻想、比喻、拟人、夸张、荒诞、变形等手法的运用，对于幼儿想象力的发展有积极的作用。

（四）幼儿的情感与语言

幼儿的言语发展水平处于低级阶段，对词义的理解还很肤浅，对代表抽象意义的词很难理解，对多义词只能了解其最基本和最常用的意义，对词的转义就更难于理解。据此，幼儿文学作品中的语言要力求形象、生动、口语化，以适合幼儿的理解水平，但也要稍稍超出幼儿的实际理解能力，以促进幼儿言语的发展。

综上所述，幼儿在自己的年龄阶段上有许多不同于成人，也不同于学龄儿童的生理和心理特征。掌握这些特征为我们了解幼儿接受文学的特殊性提供了可能。

三、幼儿文学的特征

（一）幼儿文学的本体特征

1. 幼儿文学是开启幼儿心智的启蒙文学

幼儿文学包罗万象，有利于幼儿认识世界的万事万物，帮助幼儿了解一些日常生活的内容，引导幼儿参与语言、思维、想象等活动，对幼儿的身心健康成长起着启蒙作用。如儿歌《小白兔》：小白兔白又白，两只耳朵竖起来。爱吃萝卜和青菜，蹦蹦跳跳真可爱。帮助幼儿认识小白兔的外貌特征和生活习性。

2. 幼儿文学是深入浅出的口头文学

幼儿主要是通过“听”来接受文学的，浅显明白、直观形象、优美规范是幼儿文学对语言的基本要求。浅显不是照搬幼儿口语，在作品中故作娃娃腔，而是在幼儿所能掌握的词语范围内讲述故事。比如，同样是写浪花，杨慎的描述是“滚滚长江东逝水，浪花淘尽英雄，是非成败转头空，青山依旧在，几度夕阳红”，当面对这样的诗句时，幼儿是很难理解其深厚的内蕴和深远的意境的。但如果写成“浪花、浪花，/哗、哗、哗。/蹦蹦跳跳地跑来了，/好像娃娃跟我耍。/浪花，浪花，/露白牙，/咬着我的小脚丫，/赫然藏起不见了”，在倾听这样的诗句时，幼儿就会有亲切、愉悦的体验并乐于接受。

3. 幼儿文学是趣味盎然的快乐文学

成人文学强调从历史的深度和时代的高度去开掘题材内容，讲究历史的、文化的积淀，幼儿文学则强调以幼儿为本位，讲究表现儿童生活、人道精神、温暖与快乐、幽默与智慧、想象与幻想等。因此，幼儿文学对幼儿的启蒙是在快乐的前提下进行的。优秀的幼儿文学作品充满了幼儿情趣，它以生动活泼的语言、曲折有趣的情节、天真稚拙的童真感染着幼儿，带给他们无穷的快乐。有的作品并不蕴含什么道理和深意，只是单纯地令人感觉快乐，如美国佩特·哈群斯的图画书《母鸡萝丝去散步》色彩鲜明，故事幽默，语言简单流畅，深受全世界儿童的喜爱。

（二）幼儿文学的美学特征

1. 纯真美

幼儿的心灵是单纯而明净的，他们真诚地对待一切事物，这种童真表现在文学作品中就形成了一种极为透明、至纯至真的美。幼儿文学作品主要是借助于其中人物的言行、心理活动等表现童真的，集中于在形象刻画中表现纯真美。例如，在美国大卫·香农的《大卫，不可以》中，通过大卫一系列破坏行为，刻画了一个调皮的小男孩形象，这恰恰是幼儿生活的真实写照，孩童天真烂漫的纯真美由此体现。

2. 稚拙美

稚拙是稚气、拙朴之意，它既是幼儿的生命特征，也是幼儿文学稚拙美的源泉，是只有幼儿才会有的独特的神态、语气和行为心理。幼儿文学的稚拙之美，主要是指借助人物的言行、心理、动作来表现幼儿特有的稚气和憨态。如《月亮歌》：月亮走，跟我走；我和月亮手拉手。星星哭，我不哭；我给星星盖瓦屋。当我们读这样的儿歌时，可以想象一个稚嫩的娃娃，以一颗童心将“月亮”“星星”当作小伙伴，和它们一起“过家家”的情景，这恰是幼儿心理的体现。

3. 荒诞美

这里所指的“荒诞”与现实生活中所指的荒诞一词有所区别，它有变幻、幻想、奇异、怪异、难以置信等多种含义。相较于其他文学，幼儿文学更富于幻想，有更多的惊险色彩和神奇意味。例如，《爱丽丝漫游奇境记》里忽大忽小的爱丽丝，《木偶奇遇记》里一撒谎鼻子就变长的匹诺曹，《颠倒歌》里的“腊月酷热直流汗，六月爆冷打哆嗦”。在幼儿文学的世界里，会有上天入地、无拘无束的情节，也会有神奇荒诞、滑稽有趣的人物形象，这些在现实中不会发生的事情，却在幼儿世界里散发着奇妙的光芒。

学习笔记

自学自测

一、单项选择题

1. 我们对幼儿文学的定义为，以（　　）幼儿为主要接受对象，符合幼儿发展需求、适合幼儿接受并具有独特艺术性和丰富价值的各类文学作品的总称。

A. 0～1 岁　　B. 1～3 岁　　C. 3～6 岁　　D. 0～6 岁

2. 下列作品不属于幼儿文学作品的是（　　）。

A.《儿歌三百首》　　B.《十万个为什么》

C.《大卫，不可以》　　D.《丑小鸭》

3. 幼儿观察事物的特点是大轮廓、粗线条的，容易抓住作品中形象的外部特征。这就要求幼儿文学作品应多着墨于（　　）的描绘。

A. 心理描写　　B. 独白　　C. 外部形象　　D. 细节

4. 幼儿文学作品的题材要以（　　）为主，用幼儿能理解的语言塑造幼儿熟悉的形象，构思富于幼儿情趣的情节。

A. 科学知识　　B. 幼儿熟悉的生活　　C. 游戏　　D. 人际交往

5. 下列不属于幼儿文学美学特征的是（　　）。

A. 纯真美　　B. 稚拙美　　C. 荒诞美　　D. 韵律美

二、交流分享

搜集一篇幼儿文学作品（体裁不限），撰写阅读感受并与同学分享。

课中实训

任务一　幼儿文学特征分析

▲ 任务描述

阅读鉴赏幼儿文学作品，具有一定的文学素养是一名合格幼儿园教师的职业素质之一。本次学习任务选取了2021年教育部推荐的中外两部经典幼儿文学作品：《一园青菜成了精》和《大卫，不可以》，结合作品分析幼儿文学的特征，初步学习鉴赏幼儿文学作品。

▲ 学习目标

- 初步学习鉴赏幼儿文学作品。
- 能够结合作品分析幼儿文学的特征。
- 树立科学的儿童观。

【情境导入】

2021年10月，教育部组织百位专家遴选出347种幼儿图画书。以下是选取的两部作品：《一园青菜成了精》（选自北方童谣；周翔　绘）和《大卫，不可以》（[美] 大卫·香农　著绘；余治莹　译）。请阅读作品后，完成以下问题。

《一园青菜成了精》

【思考答疑】

1. 简要分析两部作品的主要内容，并谈谈阅读后的感受。

2. 回顾前面所学内容，思考幼儿文学的特征有哪些。

本体特征：

美学特征：

【实践演练】

1. 请结合作品《一园青菜成了精》分析幼儿文学的本体特征。

2. 请结合作品《大卫，不可以》分析幼儿文学的美学特征。

【反思评价】

1. 你觉得幼儿文学的作用主要体现在哪些方面？

2. 请你对本次任务进行评价。

评 价 内 容	自　评
课堂活动参与度	☆☆☆☆☆
小组活动贡献度	☆☆☆☆☆
学习内容接受度	☆☆☆☆☆

【学习支持】

《一园青菜成了精》中的童谣如下：

出了城门往正东，一园青菜绿葱葱。
最近几天没人问，它们个个成了精。
绿头萝卜称大王，红头萝卜当娘娘。
隔壁莲藕急了眼，一封战书打进园。
豆芽儿跪倒来报信，胡萝卜挂帅去出征。
两边兄弟来叫阵，大呼小叫争输赢。
小葱端起银杆枪，一个劲儿向前冲。
茄子一挺大肚皮，小葱撞了个倒栽葱。
韭菜使出两刃锋，呼啦呼啦上了阵。
黄瓜甩起扫堂腿，踢得韭菜往回奔。
莲藕斗得劲头儿足，胡萝卜急得搬救兵。
歪嘴葫芦放大炮，轰隆轰隆炮三声，
打得大蒜裂了瓣，打得黄瓜上下青，
打得辣椒满身红，打得茄子一身紫，
打得豆腐尿黄水，打得凉粉战兢兢，
藕王一看抵不过，一头钻进烂泥坑！
出了城门往正东，一园青菜绿葱葱。

《一园青菜成了精》是一首北方民谣，由《东方娃娃》杂志的主编周翔先生改编并作画，读起来朗朗上口，画面又十分生动有趣，幼儿十分喜欢！这首童谣的内容本来就十分有趣，菜园里的蔬菜成了精，由此展开了一场蔬菜大战，符合幼儿爱幻想、“泛灵论”的思维特点。同时语言幽默诙谐，如“打得大蒜裂了瓣，打得黄瓜上下青”。另外，除了整首童谣的音律之美、情节有趣，周翔先生的画也非常有特色，是中国国画风，用墨少，留白多，画得生趣十足。整篇童谣加上周翔先生国画风格的绘画，让幼儿体会中国的文字之美、传统的绘画之美，潜移默化地让幼儿爱上中国传统文化！

《大卫，不可以》获得1998年凯迪克银奖，1999年美国图书馆学会年度好书推荐，1998年《纽约时报》年度最佳图画书，入选纽约公共图书馆“每个人都应该知道的一百种图画书”（修订），2001年第七届日本绘本奖读者奖，也是2021年教育部推荐的幼儿图画书。

《大卫不可以》

大卫，一个调皮捣蛋的小顽童：打碎花瓶，弄脏地毯，乱涂乱画，不讲卫生，把食物捏成小人儿，把铁锅敲得叮当乱响……但是这个把家里搞得一团糟的小男孩却深受孩子们的喜爱。因为这恰恰释放了孩子们纯真的天性，这让他们觉得又开心又释怀。试想世界上有哪一个孩子不渴望像大卫一样随心所欲地放飞自我呢？

到了最后一页。大卫被妈妈紧紧地搂在怀里，幸福地闭上了眼睛，妈妈一句“大卫乖，我爱你”，顿时就化解了大卫所有的眼泪和委屈。即使孩子调皮捣蛋，但妈妈依然爱他，这也体现妈妈对孩子无私的爱。这一笔太温情了，整个故事跟着急转直下，一个童年恶作剧的故事就收场于这样一个爱的动作。

学习笔记

任务二　世界幼儿文学历史梳理

▲ 任务描述

具有一定的文学素养是一名合格幼儿园教师的职业素质之一。本次学习任务引导学生采用“思维导图”形式梳理世界幼儿文学的历史发展脉络，感受世界幼儿文学的魅力。

▲ 学习目标

- 了解不同时期世界幼儿文学史的典型代表人物和作品。
- 能够结合思维导图理清世界幼儿文学的历史发展脉络，同时培养思维能力。
- 感受世界幼儿文学的魅力，提升文学素养。

【情境导入】

幼儿文学课堂，张老师要求同学们分享一个喜欢的外国童话故事。

【思考答疑】

你喜欢的这个童话故事的作者是谁？并对作者简要介绍。（自主查阅资料）

【实践演练】

请以小组为单位，搜集资料，绘制“世界幼儿文学历史发展”思维导图，如图 1-1 所示。

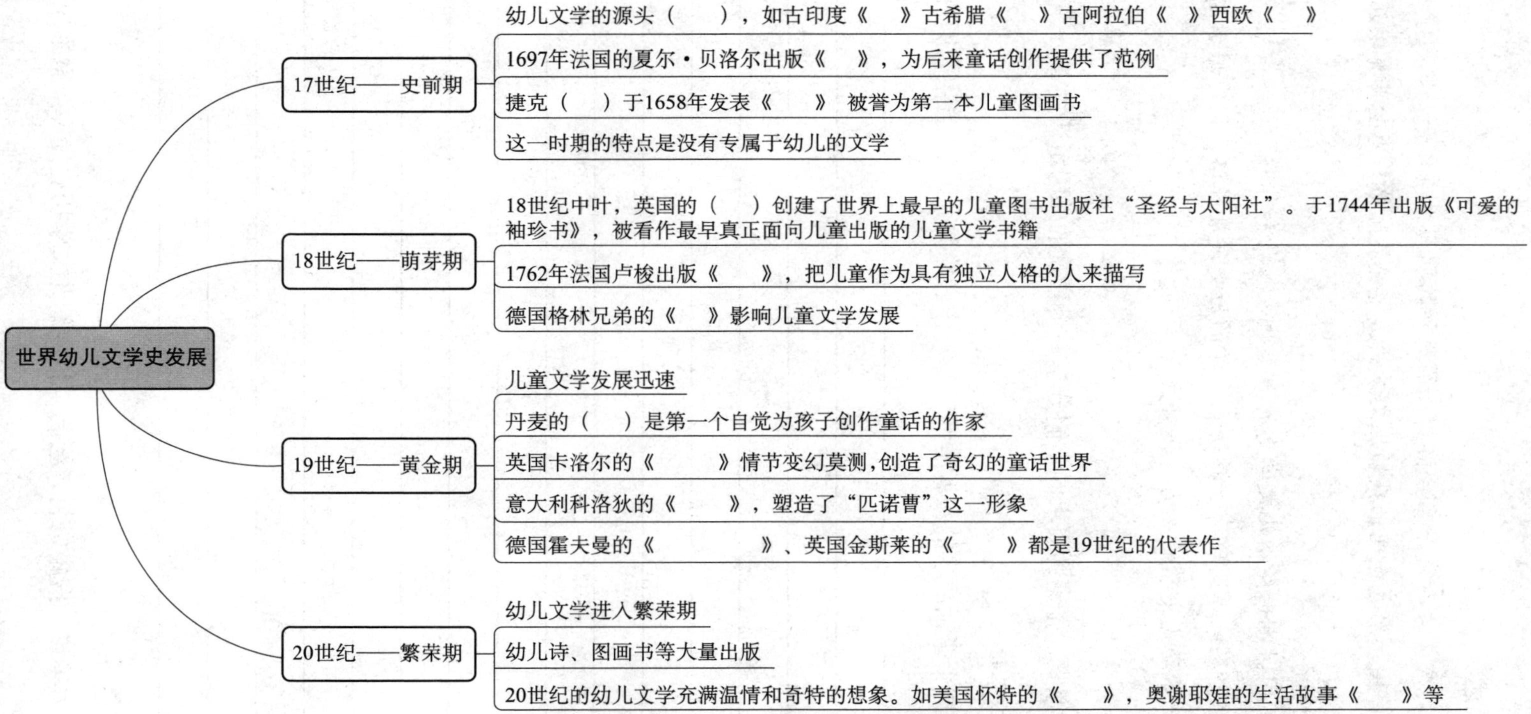

图 1-1 “世界幼儿文学史发展”导图

【反思评价】

1. 你认为学习世界幼儿文学史的意义是什么？

2. 请你对本次任务进行评价。

评价内容	自　评
课堂活动参与度	☆☆☆☆☆
小组活动贡献度	☆☆☆☆☆
学习内容接受度	☆☆☆☆☆

【学习支持】

世界幼儿文学的发生与发展

（一）17 世纪——史前期

幼儿文学的源头是丰富神奇的民间文学。民间文学中包含不少适合幼儿的故事：儿歌、谜语等。古印度的《五卷书》、古希腊的《伊索寓言》、古阿拉伯的《一千零一夜》、西欧的《列那狐的故事》以及世代相传的民间口头文学，都曾经是早期幼儿文学的源泉。

1697 年法国的夏尔 · 贝洛尔出版了《鹅妈妈的故事》，其中包括我们现在耳熟能详的《小红帽》《灰姑娘》《穿靴子的猫》等作品。这些故事并非专为幼儿所作，但受到了孩子们的喜爱。《鹅妈妈的故事》是世界儿童文学史上第一部有影响的作品，它为后来童话的创作提供了范例。

欧洲文艺复兴运动和资本主义的萌芽深刻地影响了儿童教育与文学。捷克教育家夸美纽斯于 1658 年发表的《世界图解》被誉为第一本儿童图画书，这本书表明：儿童读物应该遵循一些区别于成人读物的特殊规律。

这一时期的特点是没有专属于幼儿的文学，是幼儿文学的史前期。

（二）18 世纪——萌芽期

进入 18 世纪，文艺复兴运动使科学、艺术、教育都有了一个大的飞跃，专门为教育儿童创作的儿童文学应运而生。18 世纪中叶，英国的约翰 · 纽伯瑞创建了世界上最早的儿童图书出版社“圣经与太阳社”，西方社会把纽伯瑞出版社的出现看作独立的儿童文学开始的一个标志，这也有力地促进了幼儿文学的发展。1744 年，约翰 · 纽伯瑞出版《可爱的袖珍图书》，这本书在西方被看作最早真正面向儿童出版的儿童文学书籍。

1762 年，法国卢梭出版的《爱弥儿》，是世界文学史上第一部把儿童作为具有独立人格的人来描写的，小说通篇洋溢着对儿童的爱。卢梭空前充分地注意到了儿童年龄上的特征，强调发展儿童的独立精神、观察能力和灵敏性。德国格林兄弟的《儿童与家庭童话集》也大大影响了儿童文学的发展，儿童文学开始具有了为特定儿童服务的意识。

（三）19 世纪——黄金期

进入 19 世纪，儿童文学发展迅速。列夫·托尔斯泰、普希金等不少著名作家为儿童创作过作品。为幼儿创作或者适合幼儿欣赏的文学作品也越来越多。

丹麦的安徒生，使民间童话走向了文学童话，并成为第一个自觉为孩子创作童话的作家。《海的女儿》《丑小鸭》《皇帝的新装》《豌豆上的公主》《小意达的花》《卖火柴的小女孩》等作品都深受孩子们的喜爱。

英国卡洛尔的《爱丽丝漫游奇境记》，情节变幻莫测，语言妙趣横生，创造了奇幻的童话境界；作品中的爱丽丝具有独立的人格，充满智慧。《爱丽丝漫游奇境记》的艺术形态及其蕴含的文化意蕴都有别于传统童话，为现代童话创作开了一条新路。

意大利科洛狄的《木偶奇遇记》塑造了匹诺曹这一童话形象，匹诺曹身上集中了许多孩子身上的美好天性以及需要克服的缺点，开创了“小说性童话”的先河。

俄国克雷洛夫的寓言、德国豪夫的童话、英国王尔德的童话、俄国普希金的童话诗以及德国霍夫曼的《咬核桃小人和老鼠国王》、英国金斯莱的《水孩子》等都是 19 世纪的代表作。

（四）20 世纪——繁荣期

20 世纪，幼儿文学进入了繁荣期。早期教育受到重视，相关研究机构与文学奖项越来越多，幼儿文学艺术手法日臻成熟。幼儿诗、幼儿散文脱颖而出，图画书、连环画大量出版，三四十年代图画书首先在欧美发展起来，五六十年代被译介到日本，低幼文学的发展进入了一个繁荣时期。

20 世纪的幼儿文学充满温情和奇特的想象，着力展示纯真的童心、快乐的童年、自由的天性，阅读欣赏童话成为孩子们快乐的游戏，这个时期出现了一大批蜚声世界的童话，如英国詹姆斯·巴里的《彼得·潘》、米尔恩的《小熊温尼·普》、格雷厄姆的《柳林风声》和特莱维丝《随风而来的玛丽·波平斯阿姨》，美国怀特的《小老鼠斯图亚特》《夏洛的网》，瑞典阿斯特丽德·林格伦的《长袜子皮皮》《小飞人卡尔松》芬兰杨森的《魔法师的帽子》，挪威埃格纳的《豆蔻镇的居民和强盗》以及奥地利萨尔登的《小鹿班比》等。

传统童话的幻想一般是异域、仙境等，与现实生活是分开的，20 世纪的童话融合了幻想世界与现实生活，这在阿斯特丽德·林格伦的童话中尤其突出。

十月革命后建立的苏联儿童文学体系，坚持共产主义的教育方向，强调文学的教育作用必须通过艺术感染力去实现，其中不乏优秀的作品，如马雅可夫斯基的儿童诗《什么叫做好，什么叫做不好》、阿·托尔斯泰的童话《金钥匙》、卡达耶夫的童话《七色花》、奥谢耶娃的生活故事《蓝色的树叶》以及比安基的动物故事《森林报》等。

进入 21 世纪，幼儿文学的代表之一图画书得以迅速发展。信息技术使儿童文学在世界范围的传播更为快捷、通畅，幼儿文学也同样进入了一个全球共享的时代。

任务三　中国幼儿文学历史梳理

▲ 任务描述

本次学习任务引导学生采用“思维导图”形式梳理中国幼儿文学的历史发展脉络，感受我国幼儿文学的魅力，增强文化自信。

▲ 学习目标

- 了解不同时期中国幼儿文学史的典型代表人物和作品。
- 能够结合思维导图理清中国幼儿文学的历史发展脉络，同时培养思维能力。
- 感受中国传统幼儿文学的魅力，增强文化自信。

【情境导入】

幼儿文学课堂，张老师要求同学们分享一个我国的幼儿文学作家。

【思考答疑】

这个幼儿文学作家的代表作有哪些？并对作者简要介绍。（自主查阅资料）

【实践演练】

请以小组为单位，搜集资料，绘制“中国幼儿文学历史发展”思维导图，如图 1-2 所示。

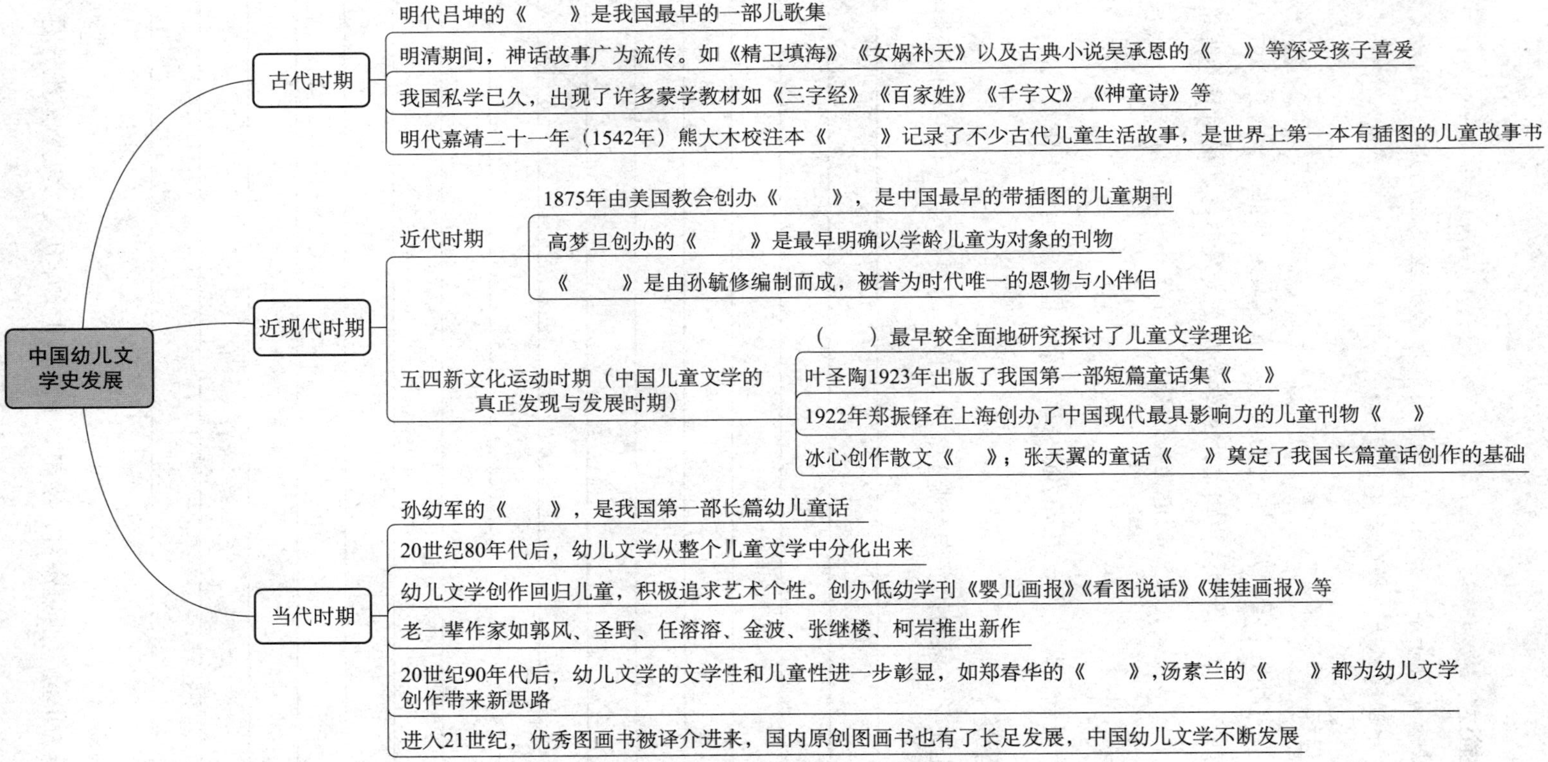

图 1-2　中国幼儿文学历史发展

【反思评价】

1. 你认为学习中国幼儿文学史的意义是什么？

2. 请你对本次任务进行评价。

评 价 内 容	自 评
课堂活动参与度	☆☆☆☆☆
小组活动贡献度	☆☆☆☆☆
学习内容接受度	☆☆☆☆☆

【学习支持】

中国幼儿文学的发生与发展

中国幼儿文学的真正独立与繁荣只有不长的历史，当然这是指纸质形式的幼儿文学，而在漫长古老的年代中，口耳相传的歌谣、神话、传说、民间童话、寓言等，孩子早有耳闻，这些便是幼儿文学最直接的来源。

（一）古代——民间文学与蒙学读物

我国最早的一部儿歌集是明代吕坤编辑的《演小儿语》。

在明清期间，神话故事也广为流传，像我们所熟知的精卫填海、后羿射日、女娲补天以及一些成人文学作品，如古典小说《西游记》《封神演义》深受孩子们的喜欢。

我国私家教学和学塾历史悠久，当时已出现很多蒙学教材，主要特点是韵语写成，句式简短，朗朗上口，易于记诵，如《唐诗三百首》《女儿经》《弟子规》等。

明代嘉靖二十一年（1542 年）熊大木校注本《日记故事》中记述了不少古代儿童的生活故事，如“司马光砸缸救小儿”“曹冲称象”等，不但是我国，也是世界上第一本有插图的儿童故事书。

（二）近现代——儿童期刊与图画故事

1. 近代时期

鸦片战争之后国门被打开，欲新文化必先“新民”，因此，儿童也作为“未来之国民”，之后便出现了为儿童改编翻译的文学作品。其中最具代表性的是 1875 年由美国教会创办的《小孩月报》，是中国最早的带插图的儿童期刊。它包含了诗歌、科学、人物传记以及童话寓言。

在图文并茂的蒙学报刊中，最早明确的以学龄前儿童为对象的刊物为高梦旦创办的《儿童教育画》，内容包括史地、动植物、卫生、算数等 22 门知识以及爱国主义的历史故事和寓言、歌谣等。可以说，中国幼儿文学始于高梦旦的《儿童教育画》。

《童话》是当时最具有影响力的儿童读物，是由商务印书馆孙毓修编而成，被誉为时代唯一的恩物与小伴侣。

2. 五四新文化运动时期

中国儿童文学的真正发现与发展，是从五四新文学运动开始的。作为儿童文学的一部分，幼儿文学也是如此。为适应时代需要，热衷于儿童文学的作家纷纷开始翻译和创作儿童文学作品。

周作人最早较全面地研究探讨了儿童文学理论，最早开始儿歌的收集和研究工作。五四时期各地纷纷展开儿歌的收集整理，出版了一批儿歌童谣集，大大推动了幼儿文学的发展。与此同时，现代白话文创作的儿歌也开始涌现，如胡适的《蝴蝶》、周作人的《儿歌》、刘大白的《两个老鼠抬了一个梦》，从语言形式上突破了文言文的束缚，深受幼儿喜爱。

五四前后，曾经出现过译介西方儿童文学的热潮，安徒生童话、格林童话、《爱的教育》《木偶奇遇记》《爱丽丝漫游奇境记》等世界著名儿童文学作品都被译介到了国内。

除翻译作品外，原创作品也开始问世。叶圣陶于1921年开始创作童话，于1923年出版了我国第一部短篇童话集《稻草人》；1922年，郑振铎在上海创办了中国现代最具影响力的儿童刊物《儿童世界》，为中国童话的创作提供了一个发表的平台。1923—1926年，冰心献出了整整影响几代小读者的散文《寄小读者》，奠定了冰心在中国儿童文学史上的地位；20世纪30年代最大的收获是张天翼的童话《大林和小林》，奠定了我国长篇童话创作的基础，《秃秃大王》巩固了他在童话史上的重要地位。

五四时期还出现了幼儿图画故事，郑振铎先后创作了《两个小猴的冒险》《河马幼稚园》等四十多篇作品；赵景深也创编过五十多种幼儿图画书。至20世纪30年代，各种图画书相继问世，儿童报刊也积极开设图画故事专栏。

（三）当代——走向黄金时代

20世纪50年代后，我国儿童文学的创作深受苏联的影响，新中国成立初期的幼儿文学创作题材大多受制于当时各项社会运动的影响。1949—1979年的30年间，大多数幼儿文学作品缺乏艺术性，只有少数作品具有艺术感染力，如柯岩的儿童诗充满情趣，金波的儿童诗清新纯真。其中，孙幼军的《小布头奇遇记》童趣盎然，是我国第一部长篇幼儿童话。

20世纪80年代后，我国幼儿文学迎来了新发展。幼儿文学从整个儿童文学中分化出来，这被视为新时期儿童文学发展的重大成就之一。幼儿文学创作开始回归儿童、回归文学，并积极追求艺术个性。这一时期创办的低幼文学报刊主要有《看图说话》（3～6岁）、《幼儿园》（3～6岁）、《婴儿画报》（1～3岁）、《娃娃画报》（2～4岁）、《幼儿故事大王》（3～7岁）等，低幼报刊的发展可谓是跨越式的。

与此同时，老一辈作家如郭风、圣野、任溶溶、金波、张继楼、柯岩等陆续推出新作，像黄庆云的《摇篮》、鲁兵的《小猪奴尼》、包蕾的《三个和尚》、金近的《小老鼠吹哨子》、圣野的组诗《春娃娃》、张继楼的《东家西家蒸馍馍》等。

20 世纪 90 年代后的幼儿文学，其文学性和儿童性进一步彰显，如郑春华的《大头儿子和小头爸爸》、汤素兰的《笨狼的故事》都为幼儿文学的创作带来了新的思路。

进入 21 世纪，大量欧美、日本的优秀图画书被译介进来，国内原创图画书也有了长足的发展。回归文学、回归儿童，追求艺术个性，这是幼儿文学创作者、理论研究者和幼儿教育工作者共同的目标，中国的幼儿文学正走在良性发展的道路上。

学习笔记

课后提升

从 2021 年教育部推荐的 347 种幼儿图画书中选择感兴趣的一本品味鉴赏，并撰写一段书评。

教育部推荐幼儿图画书书单

考核评价

评价阶段	评价内容	佐证	教师评价	学生自评	学生互评	平台评测	是否达标（达标√ 末达标 ×）
课前自学	“学堂在线”完成度	平台数据					
	自学自测	是否完成测试题					
课中实训	幼儿文学特征分析	作品分析					
	世界幼儿文学历史梳理	思维导图					
	中国幼儿文学历史梳理	思维导图					
课后提升	课后作业	完成课后作业					

拓展资源

扫码阅读文章《儿童文学作家代表畅谈近年儿童文学发展》。

儿童文学作家代表畅谈近年儿童文学发展

项目二　儿歌鉴赏与实践

项目二　学习导航

【项目概述】

儿歌是以低幼儿童为主要接受对象的具有民歌风味的简短诗歌，它是儿童文学最古老最基本的体裁形式之一。儿歌以其明快的节奏、和谐的韵律带给幼儿吟诵的乐趣。

本项目重点学习儿歌的起源、基本特点和形式类型，并在此基础上学习儿歌鉴赏、儿歌创作、儿歌表演以及儿歌教学活动设计。

【学习目标】

知识目标：

1. 了解儿歌的起源和历史发展。
2. 理解儿歌的含义、特点和形式类型。
3. 掌握儿歌创作的基本要求。

能力目标：

1. 能进行儿歌创作与表演。
2. 能结合作品分析鉴赏、吟诵优秀儿歌。
3. 能够撰写儿歌教学活动设计方案并开展教学活动。

素质目标：

1. 感受儿歌的魅力，提高文学修养，增强文化自信。
2. 树立正确的职业理念，科学的儿童观、教育观，仁爱之心。
3. 美好品质：创新思维、自学能力、思辨能力。

案例先导

小熊过桥

蒋应武

儿歌《小熊过桥》

小竹桥，摇摇摇，
有只小熊来过桥。
立不稳，站不牢，
走到桥上心乱跳。
妈妈，妈妈，快来呀，
快把小熊抱过桥。
头上乌鸦哇哇叫，

桥下流水哗哗笑。
河里鲤鱼跳出水，
对着小熊大声叫。
小熊小熊别害怕，
眼睛向着前面瞧。
一二三，向前跑，
小熊过桥回头笑，
鲤鱼乐得尾巴摇。

（资料来源：蒋应武，冯杰．学前必读大卡：读儿歌 [M]. 杭州：浙江少年儿童出版社，2012.）

思考：

1. 读一读，并说一说读完这首儿歌有什么感受。
2. 回忆小时候印象深刻的儿歌，谈谈儿歌对幼儿的价值。

有人曾这样描述儿歌：

儿歌是母亲怀抱婴儿时的轻声吟唱，也是小孩天真的信口开河；
儿歌里包含了奇幻的大千世界，也有天马行空的想象；
儿歌是孩子对世界最初的记忆和善意……

课前自学

一、儿歌的概念与历史

（一）儿歌的概念

儿歌是以低幼儿童为主要接受对象的具有民歌风味的简短诗歌。它是儿童文学最古老最基本的体裁形式之一，又称为童谣、童子歌、孺子歌、小儿语。

儿歌可以说是人在一生中最早接触的文学样式。

按照作者来分，儿歌可以分为民间儿歌和创作儿歌。民间儿歌是根据民间口头流传整理的儿歌，通常是在民间流传中集体创作的，反映风土人情、民俗文化等。如《春节童谣》："小孩小孩你别馋，过了腊八就是年。腊八粥喝几天，哩哩啦啦二十三。二十三糖瓜粘，二十四扫房子，二十五做豆腐，二十六去买肉，二十七宰公鸡，二十八把面发，二十九蒸馒头，三十晚上熬一宿"。创作儿歌则是由作者专门创作的儿歌，从主题角度可分为知识性儿歌、教育性儿歌和游戏性儿歌等；按照念诵吟唱者来分，可以分为母歌（如摇篮曲）和儿戏（如逗乐游戏歌）；从形式上分，可分为齐言、杂言以及特殊形式的儿歌。

（二）儿歌的历史

1. 儿歌的产生

童谣的收集最早见于春秋战国时期，《左传》《战国策》等古代典籍中都有零星记载。古代文献记载的童谣是一种“时政歌”，由成人创作，表达作者政治态度和呼声，多与重大历史事件有关，如秦末农民起义流传的“阿房，阿房，亡始皇”的童谣。中国古代由儿童传唱的儿歌并不属于儿童，而是政治斗争的工具。

文化浸润

“立我臣民，莫匪尔极。不识不知，顺帝之则。”

——《康衢谣》

相传，尧主政五十年，乃微服私访于康衢（qú），听到儿童唱歌，甚为高兴，归来后就禅让天下于舜。又据《帝王世纪》载“帝尧之世，天下太和，百姓无事，有老人击壤而歌”。“击壤”，是一种互击瓦块为乐的游戏。“康衢”与击壤老人所唱处，大约均在今临汾市尧都区一带。而《康衢歌》《击壤歌》这两首主题截然不同的民谣，就成为我国文学宝库中最早的诗篇。

2. 儿歌的发展

（1）明代

明代出现了富有儿童情趣的儿歌。如《帝京景物略》中“杨柳儿活，抽陀螺，杨柳儿青，放空钟。杨柳儿死，踢毽子，杨柳儿发芽儿，打梭儿。”从明代开始，一些文人专门搜集民间儿歌。如文学家杨慎在《古今风谣》中辑录了大量童谣。

1593年，吕坤所编辑的《演小儿语》可以说是中国最早的一部个人搜集的儿歌集。全书共收录了河南、山西、山东等地的儿歌46首。这些儿歌文字浅近，内容生动，便于口头传诵。编者在每首儿歌下面加上评语，在序言中提出了一些关于童谣的理论问题，它为后人的儿歌创作提供了借鉴。

（2）清代

到了清代，儿歌的观念虽然逐渐多元化，但清前期和中期，由于清朝统治者采取文化禁锢政策，儿歌的搜集与整理工作也一度沉寂。

康熙初年，郑旭旦编辑了儿歌集《天籁集》，书中收录了吴越地区的儿歌48首。

悟痴生辑录《广天籁集》，收录儿歌23首。

清末，又有学者范寅辑录《越谚》，收集儿歌30多首。

意大利人韦大利《北京歌谣》，收集儿歌170首。

美国人何德兰《孺子歌图》，收集儿歌138首。

（3）五四时期

1918年，刘半农、胡适、周作人等人掀起了一场“歌谣运动”，开展民间歌谣征集和研究，并在北京大学创办了《歌谣》周刊。《歌谣》周刊把发表的儿童歌谣冠以“儿歌”的名称，自此，“儿歌”作为儿童文学的体裁名称沿用至今。

代表人物：顾颉刚、周作人、朱自清。

（4）新中国成立后

圣野、鲁兵、金波、刘饶民、张继楼等人在儿歌创作领域做出了突出贡献，出版了一些儿歌集，如《儿歌》《儿歌三百首》《中国新童谣选》《中国新儿歌大全》等。

二、儿歌的特点

（一）音乐性

可唱可诵，是儿歌最鲜明的艺术特色。儿歌重视、强调音乐性。音乐性具体表现在节奏和韵律两个方面。

1. 节奏鲜明

儿歌的节奏鲜明主要通过节拍以及句式的整齐、句式的变化和句子字数的变化来实现。什么是节拍呢？每一行诗句都可以从语音上分成若干停顿单位，一个单位就是一个节拍。一般来说，三字句的儿歌为两拍，五字句、六字句为三拍，七字句的为四拍。另外，有规律的句式是使儿歌产生节奏感的最重要途径。儿歌的句式有整齐的三言、四言、五言、六言、七言、三三七言以及错落有致的杂言。

2. 音韵和谐

音韵和谐主要是指通过句子的押韵、词句的回环复沓以及拟声词的使用等手段所形成的音乐感。

押韵，指的是儿歌中相关句子的最后一个字的韵母相同或相近，使儿歌读起来产生音韵上的和谐美。常见的押韵方式有以下几种。

（1）句句相押，一韵到底。

（2）隔行押韵，一般是首行及偶数行押韵。

（3）几行一转韵，一般每两句换一个韵脚。

（4）“一字韵”，一般用于字头歌形式。

儿歌也常常采用叠词、叠韵、连锁、反复的手法，形成回环往复的节奏感、音韵美。

（二）情趣性

儿歌的内容单纯浅显，通俗易懂，充满了情趣，这种情趣是活泼、稚拙的，表现在儿歌的内容和形式上。

（1）从内容上看，情趣性主要是通过描绘富有儿童情趣的细节，或者简单又引人入胜的情节来表现的，如蒋应武的《小熊过桥》。

（2）从形式上看，情趣性主要表现为一种富有动感的叙述方式所呈现的口语风格。

如北京传统儿歌《丫头丫》：丫头丫，打蚂蚱，蚂蚱跳，丫头笑，蚂蚱飞，丫头追。

（三）游戏性

儿歌有着明显的游戏成分，是一种愉悦儿童情绪、锻炼其语言和思维能力的“游戏歌”。

儿歌的游戏性，追求游戏与儿歌的结合，实现儿歌与游戏的互补。从这个角度来说，儿歌的游戏性主要表现在具体的语音游戏、身体游戏和智力游戏上。

（1）儿歌的音乐性使得念诵儿歌本身就是一种语音游戏活动。

（2）传统儿歌中，像手指歌、拉锯调、拍手歌、跳绳歌、踢毽歌等具有直接组织游戏的作用，儿童边念诵儿歌，其身体边参与游戏，增强了儿童对游戏的兴趣。

（3）还有一部分儿歌直接应用在智力游戏中，如伴随儿童玩猜谜游戏时念诵的谜语歌、学习数字时念诵的数数歌、玩对花游戏时念诵的对花谣等。

学习笔记

自学自测

一、单项选择题

1. 在我国古代，儿歌一般被称为（　　）。

A. 民间歌谣　　B. 童谣　　C. 趣味歌谣　　D. 时政歌

2. “儿歌”作为儿童文学的体裁名称沿用至今是在（　　）时期。

A. 明代　　B. 清代　　C. 五四时期　　D. 新中国成立后

3. 吕坤所编辑的（　　）可以说是中国最早的一部个人搜集的儿歌集。

A.《演小儿语》　　B.《北京歌谣》　　C.《天籁集》　　D.《广天籁集》

4. “千条线，万条线，掉到河里看不见”，这首儿歌的句式是（　　）。

A. 三字句　　B. 五字句　　C. “三三七”字句　　D. “三五七”字句

5. 儿歌在我国古代叫童谣，而童谣还有种种别称，下列不是童谣别称的是（　　）。

A. 童子歌　　B. 孺子歌　　C. 小儿语　　D. 神童诗

二、玩转儿歌

（一）猜一猜

1. 一个小姑娘，立在水中央。身穿粉红袍，坐在绿船上。（打一植物）

2. 头上两根毛，身穿彩花袍。飞舞花丛中，快乐又逍遥。（打一动物）

3. 紫色树，开紫花，紫花谢了结紫瓜。紫色皮肤白色肉，白色肉里有芝麻。（打一蔬菜）

（二）画一画

1. 一个饼，分四半。左一口，右一口。

2. 瓜子脸，长头发，加个柄，长麻点。

3. 一个大土豆，穿上格子衣，添上小花纹，长出绿头发。

三、思维导图

查阅儿歌历史相关资料，尝试用“思维导图”的形式绘制儿歌的历史发展脉络。

课中实训

任务一　儿歌鉴赏

▲ 任务描述

儿歌鉴赏是幼儿园教师必备的文学素养之一。本次学习任务从幼儿园教师儿歌欣赏活动入手，结合具体儿歌素材，学习从语言、内容、句式、表现手法和教育价值等方面进行儿歌鉴赏，掌握儿歌鉴赏的方式方法。

▲ 学习目标

- 掌握儿歌的特点。
- 能够从语言、形象、内容、情感等方面进行儿歌鉴赏。
- 学习鉴赏传统儿歌，提高文学修养，增强文化自信。

【情境导入】

中二班李老师要开展一节儿歌活动，李老师选择了柯岩的作品《坐火车》和张继楼的作品《小蚱蜢》，并对这两首作品加以赏析。

坐　火　车

柯　岩

小板凳，摆一排，小朋友们坐上来，
这列火车跑得快，我当司机把车开。
（轰隆隆隆，轰隆隆隆，呜！呜！）
抱洋娃娃的靠窗坐，牵小熊的往后挪，
皮球积木都摆好，大家坐稳就开车。
（轰隆隆隆，轰隆隆隆，呜！呜！）
穿大山，过大河，火车跑遍全中国，
大站小站我都停，注意车站别下错。
（轰隆隆隆，轰隆隆隆，呜！呜！）
哎呀呀，怎么啦，你们一个也不下？
收票啦，下去啦，快让别人坐坐吧。
（轰隆隆隆，轰隆隆隆，呜！呜！）

（资料来源：金波 . 柯岩作品精选 [M]. 石家庄：河北少年儿童出版社，1998.）

> **作品赏析：**柯岩的这首游戏儿歌节奏性强，音调铿锵，其韵律与“开火车”的内容融为一体，具有很显著的游戏伴奏效果。全诗总共有4节，却有人物、有情节发展，表现出幼儿化的若干社会生活面。末节尤其富有幼儿情趣，符合幼儿心理特点，避免了成人化。

小　蚱　蜢

张继楼

小蚱蜢，学跳高，
一跳跳上狗尾草。
腿一弹，脚一跷，
哪个有我跳得高！
草一摇，摔一跤，
头上跌个大青包。

（资料来源：王宜振，等. 中国最美的新童谣：小蚱蜢 [M]. 重庆：重庆出版社，2004.）

作品赏析：这是一首充满诙谐趣味的儿歌。小蚱蜢是一个动作轻巧、弹腿跷脚、骄傲自大的顽皮小动物形象。小蚱蜢刚能跳上狗尾巴草就自以为了不起了。话没说完就跌个大青包，受到惩罚，具有教育意义。对小蚱蜢"跳""弹"等一系列动作的刻画和对小蚂蚱"哪个有我跳得高"的质问，一个俏皮可爱的孩子形象跃然纸上。

【思考答疑】

1. 请你用"/"为以上儿歌划出停顿节奏。
2. 什么是押韵？这两首儿歌的押韵方式是怎样的？
3. 李老师分别是从哪些方面鉴赏这两首儿歌的？

【实践演练】

1. 请从内容、形象、语言、结构、情感以及表现手法等方面对《小熊过桥》这首儿歌进行鉴赏。

《小熊过桥》儿歌鉴赏

2. 我国传统儿歌在千百年的历史传承中，经过一代又一代人的润色加工，不断创新，形成了多种类型的艺术形式。请帮助李老师搜集一些传统儿歌，让孩子们在传统儿歌中汲取营养，滋润心田吧！

要求：请扫码观看视频，绘制儿歌特殊形式和特点思维导图，如图 2-1 所示，并以小组形式进行汇报演示。

儿歌的特殊形式

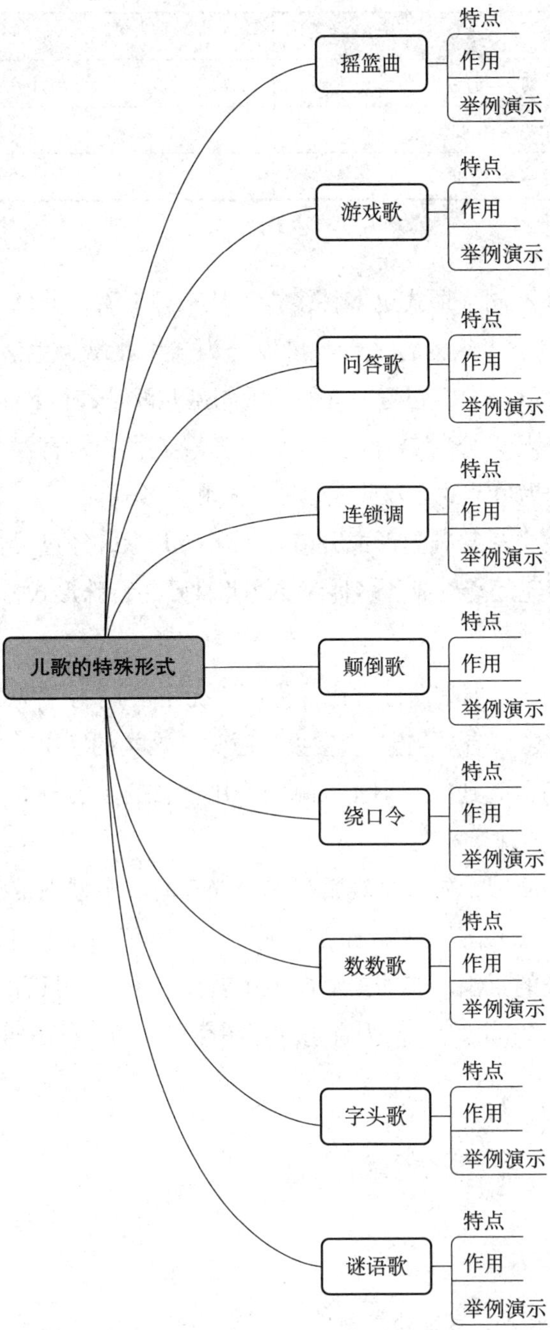

图 2-1 “儿歌的特殊形式”思维导图

【反思评价】

1. 你觉得鉴赏儿歌最重要的方法是什么？

2. 请你对本次任务进行评价。

评 价 内 容	自　评
课堂活动参与度	☆☆☆☆☆
小组活动贡献度	☆☆☆☆☆
学习内容接受度	☆☆☆☆☆

【学习支持】

儿歌分类的标准不同，形式也多种多样。从来源上看，儿歌可以分为民间流传的儿歌和作家创作的儿歌。从内容上看，可以分为知识儿歌、生活儿歌和游戏儿歌等。从行数格式上看，可以分为四句为一首的“绝句型儿歌”和行数不限、较自由的儿歌。从语言的运用上看，可以分为二言、三言、四言、五言、六言、七言以及杂言。从章法结构上看，可以分为单节式、双节式、三节式和多节式。

在我国民间口头文学基础上形成并流传下来的儿歌，经过漫长岁月的积淀，除了具有一般的形式外，还逐渐形成了多种深受幼儿喜爱的特殊形式，主要有以下几种。

（一）摇篮曲

摇篮曲也称摇篮歌、催眠曲，古代曾称作“抚儿歌”。顾名思义，摇篮曲的作用主要是催眠，歌曲里常常带有“宝宝”“宝贝“睡觉”之类的字眼，主要由母亲或其他亲人吟唱给婴幼儿听的，起到抚慰小儿入睡的作用。它的主要特点：音调柔和动听，抒情性强，母爱是其主旋律。

摇篮曲通常都很简短，旋律多轻柔甜美，伴奏的节奏型则带摇篮的动荡感。对婴幼儿而言，摇篮曲重点不在“词”，而在“曲”，在“声”，在于温柔悠扬的曲调和节奏而烘托出的温馨静谧的氛围。有的摇篮曲根本就没有歌词，只有舒缓的节奏；有的有词也只是一些非常简单的语句，作为音乐的点缀存在。如《秋娘叫》：

噢，噢，噢，噢，秋娘叫。
噢，噢，噢，噢，好羔羔，睡觉觉。
噢，噢，噢，噢，……

民谣《摇篮曲》：

喔喂，喔喂，喔喂喂，宝宝睡觉喽！
喔喂，喔喂，喔喂喂，乖乖睡觉喽！

儿歌《我的宝宝要睡觉》：

摇啊摇，摇啊摇，我的宝宝要睡觉。
小花被，盖盖好，两只小手放放好。
摇啊摇，摇啊摇，我的宝宝睡着了。

还有的摇篮曲经作家和作曲家的精心创作，具有鲜明的民族特色和文化特点，优美动听，韵味深长。例如，陈伯吹先生的《摇篮曲》：

风不吹，浪不高；小小船儿轻轻摇，小宝宝啊要睡觉。风不吹，树不摇，小鸟不飞也不叫，小宝宝啊快睡觉。风不吹，云不飘，蓝色的天空静悄悄，小宝宝啊好好睡一觉。

全首儿歌分三小节，每小节都渲染一种静谧的氛围，但有变化有递进。风越来越小，四周越来越静谧，摇篮中的孩子正悄然睡去。其间流溢出一种温馨的母爱。

（二）游戏歌

游戏儿歌专指配合幼儿进行游戏活动的儿歌。婴幼儿一边做游戏一边唱儿歌，既活动了身体，又增长了知识。一般来讲，游戏歌主要有以下特点：①歌词的动作性强，节奏欢快鲜明；②具有指挥游戏动作或统一节奏快慢的特殊作用，相当于游戏活动中的口令；③往往具有约定俗成的动作要求。

根据游戏对象的不同，游戏歌可以分为两类，一类是亲子之间的逗乐歌，另一类是儿童之间的游戏歌。

1. 亲子之间的逗乐歌

逗乐歌是母亲等长者为低幼孩子念唱的儿歌。从念唱目的看，也可以分为两类。一是安抚孩子的，如山东民间童谣《又待哭》：又待哭，又待笑，买个饽饽又不要，烧烧，烧煳了，咔嚓咔嚓又没了。

注：孩子淘气要哭时，妈妈即唱此谣逗其破涕为笑。

二是亲子之间嬉戏时念唱的儿歌。亲子互动，增进感情。如《点点虫》：点点虫，虫会飞。点点鸡，鸡会啼。点点鸟，鸟会飞，嘟啦。

它是父母用来逗引婴儿玩时吟诵的。一般是父母握着孩子的两个食指，说“点点虫”“点点鸡”“点点鸟”时，让孩子的两个食指一碰在一起，说下句时两指分开。这首儿歌里还包含了一些基本知识，如昆虫会飞、鸡会啼、鸟会飞，极好地刺激婴幼儿的脑部发育。

有一些模仿小动物叫声的游戏儿歌，适合刚会说话的宝宝。如《我是小宝宝》，大人们可以变换任何有叫声的动物，只要能模仿出来即可。

2. 儿童之间的游戏歌

它是儿童同伴之间嬉戏时念唱的儿歌，根据游戏的性质也可分为两类。一类是在玩手指游戏、踢毽子、跳绳等非对抗性游戏时念唱的儿歌。另一类是在玩老鹰捉小鸡等对抗性的角逐游戏时念唱的。如浙江长兴儿歌《鹞鹰捉小鸡》：鹞鹰儿把刀？三十六把刀。鹞鹰儿根毛？三十六根毛。夺掉你的刀，拔掉你的毛。吃倷的肉，还倷的毛。哎哟喂，做啥啊？鹞鹰搭我咬尾巴。快快前头来。

注：倷（nǎi），方言，你。

（三）数数歌

数数歌是以适合儿童审美心理的形象描写来巧妙地训练儿童数数能力的儿歌。它把数学与文学巧妙结合起来，是适合儿童认识水平的、最早的算术教材。如传统儿歌《一二三》：一二三，爬上山，四五六，翻跟头，七八九，拍皮球，张开两只手，十个手指头。

有的数数歌不仅培养儿童的数序观念，还训练他们的运算能力和语言表达能力。如传统儿歌《数蛤蟆》：一个蛤蟆一张嘴，两只眼睛四条腿，扑通扑通跳下水。两个蛤蟆两张嘴，四只眼睛八条腿，扑通扑通跳下水……蛤蟆的嘴、眼睛和腿的数目是随着蛤蟆数目的增长而成倍增长的。因此，可以训练儿童的初步运算能力。

（四）问答歌

问答歌指采取一问一答或连问连答的形式来叙述事物、反映生活的儿歌。有的采用一问一答的形式。如朱晋杰的《什么好》：什么好？公鸡好，公鸡喔喔起得早。什么好？小鸭好，小鸭呷呷爱洗澡。什么好？小羊好，小羊细细吃青草。什么好？小兔好，小兔玩耍不吵闹。

也有的采用了多问多答的形式。如李海松的《什么船儿》：什么船儿上月球？什么船儿海底游？什么船儿水上飞？什么船儿冰海走？宇宙飞船上月球，潜水艇儿海底游，气垫船儿水上飞，破冰船儿冰海走。

问答歌的特点就在于问答之间彼此都要动脑筋，这样可以有效地激发幼儿的思维和想象力，启迪幼儿的心智，能有效引导幼儿对周围世界的注意和观察，也能很好地培养他们的语言能力。

（五）连锁调

连锁调又称为连珠体或连环体或衔尾式儿歌，主要采用顶针的修辞手法来结构全文，将上句末尾的语词作为下句的开头，环环相扣，一气呵成。

从主题上看，大部分连锁调的意义并不连贯、完整，各个层次之间基本上没有逻辑联系，但往往洋溢着一种诙谐、荒诞的快乐。如金波的《野牵牛》：野牵牛，爬高楼；高楼高，爬树梢；树梢长，爬东墙；东墙滑，爬篱笆；篱笆细，不敢爬；躺在地上吹喇叭；嘀嘀嗒！嘀嘀嗒！

又如《西游记》的故事对幼儿有极大的吸引力，作者巧妙地使用“顶针”的手法，前一句的末尾就是第二句的开始，一环扣一环，诗句紧密衔接，一气呵成，既清楚地交代了西游记的故事内容，又让整个儿歌朗朗上口，带给幼儿吟诵的快乐。

唐僧骑马咚
那个咚

（六）绕口令

绕口令，也叫急口令、拗口令，它把一些发音容易混淆的字连缀成有一定意义的儿歌，是专门用来训练儿童发音的。绕口令是一种训练儿童语言、思维的良好教材，可以训练发音器官各部分灵活运动与密切配合。它能帮助幼儿锻炼吐字辨音，提高说话能力。如训练声母的童谣《打醋买布》：一位爷爷他姓顾，上街打醋又买布。买了布，打了醋，回头看见鹰抓兔。放下布，搁下醋，上前去追鹰和兔。飞了鹰，跑了兔，打翻醋，醋湿布。如训练后鼻韵母的童谣《高高山上一条藤》：高高山上一条藤，藤条头上挂铜铃。风吹藤动铜铃动，风定藤停铜铃停。

猴子搭戏台子

幼儿正处在学习语言、发展语言的阶段，常常发音不准，咬字不清，引导幼儿读绕口令，让幼儿在游戏中不知疲倦地反复练习，幼儿会在顺畅的念诵中获得巨大的快乐和满足。

（七）颠倒歌

颠倒歌，也称滑稽歌、古怪歌或倒唱歌，指故意把事物的本来面目颠倒过来叙述，使其具有幽默和讽刺意味的儿歌。颠倒歌通常把自然界的某些规律、某些常见现象颠倒，在这个颠倒的世界里，四季可以打乱，雄雌可以混淆，弱者可以战胜强者等，可以让想象力自由驰骋。颠倒歌把多组事物放到一起颠倒着唱，思路非常活跃，如传统儿歌《听我唱个颠倒歌》。

颠倒歌

颠倒歌的内容常常违背常情常理，有意把事物的真相颠倒过来，说的跟实际相反，这就产生了离奇、诙谐的效果，荒唐可笑，孩子们觉得很开心。

（八）字头歌

字头歌是传统儿歌中的一种常见形式。每句最后一字几乎相同，一韵到底，有很强的韵律感。一般多见的有子字歌、头字歌、儿字歌等。

以“子”字结尾的字头歌，如夏晓红的《猴子搭戏台子》，它是一首以“子”字做尾字的字头歌。这首字头歌的妙处不仅在于“子”字尾，而且有完整的情节结构和生动的形象描写，更值得称道的是，它把动词、数字和量词组织其中，具有丰富的认知内涵。字头歌以其独特的句尾区别于其他类型儿歌，受到儿童的欢迎。以“头”字结尾的头字歌，如童谣《爷爷》。

（九）谜语歌

谜语歌采用寓意的手法，抓住谜底与谜面间的某种联系，以歌谣的形式叙述现象或事物的特征。

如：身穿绿衣裳，肚里水汪汪。生的儿子多，个个黑脸膛。（打一水果）

再如：两只小船没有桨，没有帆来没桅杆。白天载人四处走，晚上无人船空空。（打一用品）

这些谜底与谜面之间的联系再形象不过了。它在浓缩的、象征的形式中包含着强烈的悬念，这正投合了儿童好奇心强的特点。猜谜的过程是逐渐释解悬念的过程，也是检验儿童的联想、推理和判断能力的过程，又是儿童自我检验机敏和智慧的一种方式。而当答案破解之时，幼儿会格外愉悦，获得心理上的极大满足。

需要注意的是，幼儿的生活经验不足，逻辑推理能力不强，因此，给幼儿猜的谜语既要照顾到他们的心理发展情况，又要有益于增长孩子的知识，因此，幼儿谜语歌要符合以下几点要求。

（1）谜底应是孩子熟悉的事物，如人身体的部位、常见的动植物及生活用品等。

（2）尽量不选字谜，因为字谜相对抽象，可能会减少幼儿认识汉字的兴趣。

（3）猜谜语的过程中可以适当地提示和引导，有助于在幼儿在猜出谜底时获得成就感和自信心。

学习笔记

任务二　儿 歌 创 作

▲ 任务描述

儿歌创作是幼儿园教师必备的文学素养之一。本次学习任务：以“爱”为主题进行儿歌创作入手，结合不同形式儿歌的特点学习仿编儿歌，掌握儿歌创作的方式方法。

▲ 学习目标

- 掌握儿歌创作的原则与方法。
- 能够根据主题创作不同形式的儿歌。
- 激发创新思维，具有创作意识。

【情境导入】

“三八妇女节”快到了，为了引导孩子表达对妈妈的爱，星星河幼儿园开展了一场儿歌创作活动，希望老师们创作一些以“母爱”为主题的儿歌，帮助孩子们感受母爱，进一步萌发爱妈妈、爱家人的美好情感。

【思考答疑】

1. 幼儿园小朋友向妈妈表达爱的方式有哪些？

2. 如何把母爱编成儿歌？回顾儿歌的句式、节奏特点。

【实践演练】

1. 请把儿歌补充完整。

妈妈妈妈您真好，日日为我多操劳。

(　　　　　　), (　　　　　　)。

2. 请用游戏歌的形式仿写“母爱”主题儿歌。

你拍一，我拍一，妈妈为我穿花衣。

你拍二，我拍二，(　　　　　　　　)。

你拍三，我拍三，(　　　　　　　　)。

……

3. 以小组为单位从“劳动”“友爱”“分享”自选一个关键词进行儿歌创作，并交流分享。

____

____

____

____

____

____

____

【反思评价】

1. 你觉得儿歌创作最重要的方法是什么？

2. 请你对本次任务进行评价。

评 价 内 容	自　评
课堂活动参与度	☆☆☆☆☆
小组活动贡献度	☆☆☆☆☆
学习内容接受度	☆☆☆☆☆

【学习支持】

（一）儿歌创作的原则

1. 符合儿歌的句式规律

（1）儿歌形式上排列整齐、规范，字数参差不齐，没有规律，会破坏儿歌的形式美和节奏美。

（2）儿歌常见的句式：三言、四言、五言、六言、七言、三三七言。做到句式工整，诵读起来形成了一定的节拍，表现出节奏美。

2. 符合儿歌的韵味

朗朗上口、富于音乐美。要押韵，造成音响上的和谐动听。

（1）句句押韵。句句押韵的儿歌音乐感强，很受幼儿的欢迎。

（2）双行押韵。儿歌超过四句的，双行要押韵，这样才会形成儿歌的音乐性。

（3）一、二、四句押韵。“绝句型儿歌”采用这种押韵的方式比较多。

3. 写出神韵和灵气

（1）植根于幼儿生活，捕捉新颖的题材。

（2）选择新的角度。

（3）展开想象的翅膀。写出幼儿奇特的幻想、孩子气的疑问、真诚稚气的言行、天真无邪的愿望。

（4）开掘积极的主题。

（5）注意表现手法与艺术形式的灵活多样。灵活运用比喻、拟人、夸张、反复、对比、设问、摹声、白描、起兴等表现手法。

（6）认真修改，去粗取精。

（二）儿歌创作的方法

1. 从仿写开始练习

仿写特殊形式的儿歌，积累经验。巧用游戏歌、摇篮曲、连锁调、字头歌、谜语歌、颠倒歌的形式。

2. 根据主题创作儿歌

（1）选择主题，根据描写对象的特点选择形象，如童趣味的动物、事物、场景、画面。

（2）选择句式，注意节奏、韵律，如三言、五言、七言、杂言。

（3）提炼语言，丰富句式。注意口语化、艺术性、善于运用各种修辞，如比喻、拟人、夸张等，让儿歌形象生动，丰富儿歌内容。

学习笔记

任务三　儿歌表演

▲ 任务描述

儿歌表演是幼儿园教师必备的职业能力之一。本次学习任务从情境“母爱主题儿歌表演活动”入手，尝试用不同的形式编排和表演儿歌，掌握儿歌表演的方式方法，体验儿歌表演的乐趣和幼儿教师应具有的童心童趣。

▲ 学习目标

- 掌握儿歌的表演形式。
- 能运用适当的形式编排和表演儿歌。
- 体验儿歌表演的乐趣和幼儿教师应具有的童心童趣。

【情境导入】

以下是济南槐荫实验幼儿园老师创作的两首“母爱”主题儿歌，请欣赏并尝试吟诵。

儿歌一

我的好妈妈，
下班回到家，
劳动了一天多么辛苦呀。
妈妈妈妈快坐下，
请喝一杯茶。
让我亲亲你吧，
我的好妈妈。

儿歌二

小朋友，来画画。
画张贺卡送妈妈，
今天妈妈过节日，
我给妈妈献贺卡。
画个画，给妈妈。
妈妈看了笑哈哈。

儿歌表演手指谣

【思考答疑】

1. 我们可以通过哪些表演形式增强儿歌吟诵的乐趣？

2. 观看视频，思考视频中儿歌表演的形式有哪些。

【实践演练】

1. 以小组为单位，从以上两首儿歌中自选一首，尝试用歌唱、肢体动作或者游戏等形式编排和表演儿歌，并进行展示交流。

2. 说说儿歌表演的感受和注意事项。

表 演 感 受	注 意 事 项

【反思评价】

1. 你觉得儿歌表演对幼儿的价值有哪些？还可以有哪些表演儿歌的形式？

2. 请你对本次任务进行评价。

评 价 内 容	自　评
课堂活动参与度	☆☆☆☆☆
小组活动贡献度	☆☆☆☆☆
学习内容接受度	☆☆☆☆☆

【学习支持】

儿歌表演形式

（1）儿歌朗诵：讲演儿歌作品。

（2）儿歌演唱：用自己喜欢的曲调重新填词，换上自己喜欢的儿歌童谣唱一唱；或为儿歌童谣谱上新的旋律唱一唱，“歌词换衣”，如用《两只老虎》的旋律演唱《小老鼠上灯台》。

（3）儿歌律动：让儿歌童谣成为花样皮筋、花样跳绳的伴唱，或者为童谣配上舞蹈动作，边唱边跳。在创编律动时应根据幼儿的年龄特点设计：如小班幼儿适合从坐着不移动的上肢大动作开始，或者做一些单纯的移动动作，即上身动作与下身动作分开做。中班幼儿可尝试下肢联合动作，进而开展同伴合作与互动。大班幼儿可做肌肉精细动作，从身体躯干动作到手臂—手腕—手指动作，融入速度力量的变化。

（4）儿歌绘画：以绘画形式展示儿歌童谣作品，“为画配歌”或“为歌配画”。

（5）儿歌剪纸：以剪纸形式展示儿歌童谣，感受民俗民风。

（6）儿歌游戏：结合幼儿游戏的特点，为儿歌配上游戏样式。如手指游戏、身体动作游戏等。

（7）其他形式：如说唱（rap）、乐器或鼓点伴唱、快板、相声等多种形式演绎儿歌。

学习笔记

任务四　儿 歌 教 学

▲ 任务描述

儿歌教学活动是幼儿园常见的一种语言教育活动类型，旨在通过儿歌的学习发展幼儿的语言表达能力。本次学习任务从情境“儿歌活动设计与组织——《小熊过桥》”入手，通过观摩一线教师的执教视频，掌握儿歌教学活动的一般流程和方式方法，具有初步的幼儿园活动设计和组织能力。

《小熊过桥》
教学活动

▲ 学习目标

- 掌握儿歌教学活动设计的基本结构。
- 掌握儿歌教学活动的常用方法。
- 能够设计与组织儿歌教学活动。

【情境导入】

如果要将“案例先导”的《小熊过桥》这首儿歌教给中班的幼儿，该如何设计与组织呢?

【思考答疑】

1. 对提供的儿歌材料《小熊过桥》进行鉴赏，尝试撰写作品分析，并谈谈对幼儿的教育价值。

作 品 分 析	教 育 价 值

2.《3～6岁儿童学习与发展指南》语言领域中对中班幼儿的目标要求有哪些?

3. 观看视频，撰写教师执教的活动的流程和教学方法。

活 动 流 程	教 学 方 法
环节一 环节二 环节三	

【实践演练】

请以小组为单位，根据提供的材料，进行教学活动设计，并选择一个教学节段进行模拟教学。

活动材料：①《小熊过桥》教学课件；②小熊、鲤鱼、乌鸦头饰；③小熊手偶；④响板；⑤背景音乐。

组别：	成员：	评分：
活动目标：1. 2. 3.		
活动准备：		
活动过程：		
活动延伸：		

【反思评价】

1. 你在儿歌教学活动任务有哪些收获与困难?

2. 请你对本次任务进行评价。

评价内容	自　评
课堂活动参与度	☆☆☆☆☆
小组活动贡献度	☆☆☆☆☆
学习内容接受度	☆☆☆☆☆

【学习支持】

儿歌活动设计的基本结构

(一)第一层次:初步学习儿歌作品

创设情境,为引出儿歌做铺垫,时间不宜过长,包括言语创设、用直观教具创设、用游戏等。对不同年龄班的幼儿来讲应有所区别。小班:言语结合图片、幻灯片、直观教具等。中、大班:提问、音乐提示等方式。

(二)第二层次:理解体验儿歌作品

第一阶段:初步理解儿歌的主要内容,可以结合提问、图片、幻灯片、录像等方法。

第二阶段:深入理解儿歌,主要是感受儿歌的节奏和韵律及作品中所体现出的情感特征,可以结合音乐、绘画、折纸等手工手段或使用让幼儿动手表演游戏的方法。

(三)第三层次:创造性想象和语言表述

如儿歌仿编、创编等。

(四)第四层次:迁移作品经验

开展与作品主题相关的绘画、手工等动手动脑活动,帮助学前儿童迁移相关经验。

例如:儿歌《快乐的小屋》,可让幼儿观察各种美丽的小屋后,搭一搭“美丽的小屋”,或画一画“我自己的美丽小屋”。

学习笔记

课后提升

一、儿歌创作

1. 用问答歌的形式创作一首关于“水果”的儿歌。

2. 用数字歌的形式创作一首关于“动物”的儿歌。

二、儿歌教学实践

在幼儿园实习期间开展一节儿歌教学活动，并撰写活动方案。

考核评价

评价阶段	评价内容	佐证	教师评价	学生自评	学生互评	平台评测	是否达标（达标√ 未达标 ×）
课前自学	“学堂在线”完成度	平台数据					
	自学自测	是否完成测试题					
课中实训	儿歌鉴赏	作品分析					
	儿歌创作	创作作品					
	儿歌表演	表演作品					
	儿歌教学	教学方案撰写及模拟教学情况					
课后提升	课后作业	完成课后作业					

拓展资源

好书推荐：李光迪，金波 . 中国童谣。

民间童谣欣赏

学习笔记

项目三　幼儿诗鉴赏与实践

项目三　学习导航

【项目概述】

幼儿诗是儿童诗中极为重要的组成部分，它是以3～6岁的幼儿为抒情主体并抒发他们的思想情感，表现幼儿情趣，意境优美清新，篇幅相对短小，形式活泼自由，适合幼儿欣赏诵读的诗。

本项目重点学习幼儿诗的概念、特点和形式类型，并在此基础上学习幼儿诗鉴赏、幼儿诗诵读、幼儿诗创作以及幼儿诗教学活动设计。

【学习目标】

知识目标：

1. 理解幼儿诗的概念、特点和形式类型。
2. 掌握幼儿诗创作的基本要求。

能力目标：

1. 能进行幼儿诗创作与表演。
2. 能结合作品分析鉴赏、吟诵优秀幼儿诗。
3. 能够撰写幼儿诗教学活动设计方案并开展教学活动。

素质目标：

1. 感受幼儿诗的魅力，提高文学修养，增强文化自信。
2. 树立正确的职业理念，科学的儿童观、教育观，仁爱之心。
3. 美好品质：创新思维、自学能力、思辨能力。

案例先导

喂，南瓜

韦　苇

我种了一棵南瓜。
它是个淘气鬼，
不声不响，
往隔壁院子里爬，
看样子，
要在那边安家……
喂，南瓜，
你给我回来！

谁让你自作主张，

这样自说自话？

（资料来源：韦苇．韦苇童诗童话馆——500双鞋子[M]. 北京：电子工业出版社，2013.）

思考：读一读，并说一说这首幼儿诗语言上有什么特点。

幼儿是最富于想象和联想的，他们总是用自己创造性的想象来认识并诠释世界上的一切事物。在他们通过想象而诗化的世界里，花儿会笑、鸟儿会唱、草儿会舞、鱼儿会说……欣赏幼儿诗，会让我们在想象的世界中用心灵和幼儿对话；创作幼儿诗，会让我们在文学的天空中给幼儿插上飞翔的翅膀；教给幼儿一首诗，会让幼儿在欣赏美、感受美、表现美中健康快乐地成长。

课前自学

一、幼儿诗的概念与特点

（一）幼儿诗的概念

幼儿诗是指符合幼儿心理特点和审美特点，适合幼儿欣赏诵读的自由体诗。幼儿诗的概念包含了以下两层意思。

（1）幼儿诗是“诗”，具有诗的特点，即凝练地反映生活，有丰富的想象、强烈的感情、美的意境。

（2）幼儿诗是属于“幼儿”的诗，即有特定的读者对象和表现对象，抒写幼儿独特的内心情感，表现出浓郁的幼儿情趣。

（二）幼儿诗与儿歌的区别

儿歌是歌，幼儿诗是诗，前者用来念唱，后者用来吟诵。

（1）从词语的运用来看，儿歌语言通俗自然，多用口语；幼儿诗注重炼字，追求意象的选择和语言的清新。

（2）从韵律来看，儿歌注重合口押韵，旋律短促紧密，音乐性强，易诵易唱，朗朗上口；幼儿诗注重旋律的优美、语音的起伏变化，节奏舒缓和急促相伴，是音乐美和意境美的结合。

（3）从情感表达来看，儿歌情感率真、朴实，多幽默诙谐的风格；幼儿诗情感含蕴、高雅，多优美抒情的风格。

（4）从读者接受的角度来看，儿歌适合幼儿歌唱嬉戏，有娱乐和游戏的实用价值，增添了玩乐的趣味；幼儿诗更适合欣赏，能够陶冶幼儿的情操，使他们在情感、心灵和精神上得到享受和提升。

（5）从篇幅长短来看，儿歌因为有口头创作、供幼儿吟唱的特征，所以一般都较为短小；幼儿诗有长有短，不受限制，其中叙事诗、童话诗的篇幅都比较长。

（三）幼儿诗的特点

1. 情感性

幼儿诗所抒发的是幼儿自然率真的情感，表达幼儿的情趣。它的抒情主体是以幼儿的身份出现的，具有创作主体的鲜明个性。要判断一首诗是否为幼儿诗，就看它是否以幼儿的心灵和眼光来感受和体验社会生活，是否抒发幼儿的情感，是否表达了幼儿的情趣。

2. 韵律性

幼儿诗在形式上比一般诗歌更为自由灵活，它摆脱了外在形式的限制和束缚，已经不再局限于像儿歌那样靠整齐的句式来表现了。

3. 情趣性

幼儿诗当然要表现幼儿情趣，这也是幼儿诗区别于其他诗歌最显著的特征。幼儿诗的意境也迥然有别于其他诗的意境，即幼儿诗的意境大多是优美的、清新的。幼儿情趣是幼儿文学的美学特质，是幼儿文学的灵魂。没有幼儿情趣的作品不能称其为幼儿文学作品。

4. 想象力

幼儿诗离不开天真而奇妙的想象，幼儿诗的想象应是幼儿特有的想象。幼儿的想象主要为再造想象，其内容非常简单，但带有鲜明的夸张性、幼稚性和虚幻性。

5. 形象鲜明

幼儿天性好动，他们对活动、行动着的事物最感兴趣，基于幼儿的心理特征和审美情趣，幼儿诗的形象要求鲜明生动，富有动感。

6. 浅显性

幼儿诗的语言和结构都应该平易浅近，简洁明了，自然晓畅，使幼儿易懂、易诵、易记。

二、幼儿诗的形式类型

一般情况下幼儿诗包括幼儿抒情诗、幼儿童话诗、幼儿叙事诗、幼儿散文诗四种类型。

（一）幼儿抒情诗

幼儿抒情诗以短小的篇幅直抒胸臆为主要特征。如徐志摩的《雪花的快乐》："假如我是一朵雪花 / 翩翩地在半空里潇洒 / 我一定认清我的方向 /——飞扬，飞扬，飞扬 /——这地面上有我的方向。"①

① 资料来源：徐志摩 . 志摩的诗 [M]. 天律：天津人民出版社，2016.

（二）幼儿童话诗

幼儿童话诗以表现童话内容为主要特征。它的语言比一般童话更精练传神，更富有音乐性。如金逸铭的《字典公公家里的争吵》。“看它们的眼睛瞪得多大，/ 听它们的嗓门提得多高。/ 感叹号拄着拐杖，小问号张大耳朵，/ 调皮的小逗号急得蹦蹦跳跳。”[①]

（三）幼儿叙事诗

幼儿叙事诗以故事为主要特征，通常可以用歌唱的形式表达内容。它往往对故事情节采用疏朗的、跳跃式的写法，以“情”为线索把事、景、形象、画面串联起来，如“‘好！好！’/ 谁在叫 / 原来狗 / 在向猫打招呼呢 / 猫不知道做了什么亏心事 / 看到狗就叫 / ‘妈呀！妈呀！’”[②]

（四）幼儿散文诗

幼儿散文诗以散文形式表现诗歌意境为主要特征。它是散文和诗歌相结合的产儿，是唯一不讲究音乐性和形体美的一种特殊样式。如郭风的组诗《林中》《红菰们的旅行》，斑马的《雨中，我望着一个渔翁》等。如林焕彰《夜晚的天空》：“夜晚的天空 / 藏着好多好多的小猫咪 / 他们好像很怕冷 / 躲在妈妈的怀里 / 只露出小小的眼睛 / 我很喜欢看看他们 / 他们也喜欢看着我。”[③]

学习笔记

①②③ 资料来源：陈小强，谢娟 . 幼儿文学 [M]. 重庆：重庆大学出版社，2015.

自学自测

一、填空题

1. 幼儿诗是指符合幼儿（　　）和（　　），适合幼儿欣赏诵读的（　　　）。

2. 幼儿诗的类型包括（　　　）（　　　）（　　　）（　　　）。

二、简答题

幼儿诗的特点是什么？

三、思维导图

尝试用“思维导图”的形式，绘制幼儿诗的类型。

课中实训

任务一　幼儿诗鉴赏

▲ 任务描述

幼儿诗鉴赏是幼儿园教师必备文学素养之一。本次学习任务从幼儿诗欣赏活动入手，结合具体素材，学习从语言的可感性、意境、诗歌韵味等方面进行幼儿诗鉴赏，掌握幼儿诗鉴赏的方式方法。

▲ 学习目标

- 掌握幼儿诗的特点。
- 能够从语言的可感性、意境、诗歌韵味等方面进行幼儿诗鉴赏。
- 学习鉴赏幼儿诗，提高文学修养，增强文化自信。

【情境导入】

中一班李老师要开展一节幼儿诗活动。她选择了黄庆云的作品《摇篮》和郭风的作品《童话》读给孩子们听，并对这两首作品进行了赏析。

摇　篮

黄庆云

蓝天是摇篮，摇着星宝宝，
白云轻轻飘，星宝宝睡着了。
大海是摇篮，摇着鱼宝宝，
浪花轻轻翻，鱼宝宝睡着了。
花园是摇篮，摇着花宝宝，
风儿轻轻吹，花宝宝睡着了。
妈妈的手是摇篮，摇着小宝宝，
歌儿轻轻唱，宝宝睡着了。

（资料来源：黄庆云 . 摇蓝，娃娃画报，1983(3).）

作品赏析：这篇作品是公认的一首内容和形式结合得相当完美的作品，曾获得儿童文学园丁奖上海 1983 年低幼文学奖。作者运用比喻、拟人的手法，形象地展示了“蓝天”“大海”“花园”“妈妈的手”四幅温馨优美、富有浪漫色彩的图画，构成从天上到人间的动人场面。诗的节奏舒缓，声音柔和，给人以甜美宁静的感觉，展现了一种一唱三叹的匀称的美。诗中的星宝宝、鱼宝宝、花宝宝、小宝宝，把孩子带进了一个宁静又深远的意境中。

黄庆云作品选

童　话

郭　风

小野菊坐在篱笆的后面，
侧着头，想道：
“我长大了，

要有一把蓝色的遮阳伞，
那时候，我会很好看，
我要和蜜蜂谈话！”

站在她旁边的蒲公英，插嘴道：
“可是，那有什么好呢？”
小野菊马上问道：
“可是，你会比我好吗？”

“我长大了，会有一顶
旅行用的黄色的小便帽；
我要带一只白羽毛的毽子，
旅行到很多的地方！”
小野菊沉思地说：“那真的很好，
可是，我不要像你！”

作品赏析：这是一首童话诗。从形式上看，似乎不大讲究诗歌外在的节奏和韵律，更注重诗歌的内在意蕴。这首诗中的小野菊和蒲公英分明就是两个孩子的形象，一个小女孩，一个小男孩，互相倾诉着自己的理想，满怀憧憬和希望，天真无邪。他们的理想都很美好，也极富儿童情趣。一个浪漫纯真的童话故事用诗歌的语言娓娓道来，就是成人读来也能唤起童年的甜美回忆。

（资料来源：张喜梅，南易．幼儿文学阅读鉴赏与训练 [M]. 长春：吉林大学出版社，2016.）

【思考答疑】

1. 请你用“/”为以上幼儿诗划出停顿节奏。
2. 画出诗中让你觉得印象印刻的句子，美美地读一读。
3. 李老师分别是从哪些方面鉴赏这两首幼儿诗的？

____

____

____

____

____

【实践演练】

1. 请从语言的可感性、意境、诗歌韵味等方面对林焕彰的《日出》这首幼儿诗进行鉴赏。

日　出

林焕彰

早晨
太阳是一个娃娃

一睡醒就不停地
踢着蓝被子
很久很久，才慢慢慢慢地
露出一个
圆圆胖胖的
脸儿

（资料来源：林焕彰 . 妹妹的红雨鞋百年百部（美绘注音版）[M]. 武汉：长江少年儿童出版社，2021.）

《日出》幼儿诗鉴赏

2. 收集整理优秀幼儿诗，并做出赏析。

要求：以小组为单位收集整理，在全班进行汇报展示。

【反思评价】

1. 你觉得鉴赏幼儿诗最重要的是什么？

2. 请你对本次任务进行评价。

评 价 内 容	自　评
课堂活动参与度	☆☆☆☆☆
小组活动贡献度	☆☆☆☆☆
学习内容接受度	☆☆☆☆☆

【学习支持】

（一）语言鉴赏

1. 语言的可感性

幼儿诗的语言可感性的突出体现的是音乐性和绘画性。因此我们鉴赏幼儿诗，首先要感受其语言的音乐美和绘画美。

音乐性在儿歌和幼儿诗里突出表现其审美价值和娱乐价值，因为幼儿听觉审美的要求超过其他感官。儿歌是半格律化的诗歌，语言的句逗停顿有一定的规律，阅读欣赏时要注意把握音节的变化，体会儿歌的音乐美感。自由体诗没有固定的形式，其自由开放的节奏更多地体现了诗人的情感节奏，欣赏时也要注意体会，在吟咏时用声音来塑造情感和形象。幼儿诗的音乐性还表现在词和句子的反复上，造成一种回环的声音美感。绘画性在幼儿诗中主要体现在色彩感。诗人在创作幼儿诗时常依据感情表达的需要，运用摹色来创造意象，使之富有绘画的艺术效果。借助色彩对人的感觉影响来传达情感的倾向性，让读者获得欣赏阅读的快感。

2. 语言的凝练和语义表达的含蓄

对幼儿诗语言的鉴赏，不能只停留在文字表面的意义上，而应该深入领会幼儿诗的弦外之音，只有把握诗人所描绘的形象和寄托的情意才算读懂了诗。

（二）意境鉴赏

意境是诗的精灵，也是幼儿诗、儿歌鉴赏的一个角度。

幼儿诗的意境，也是作者把自己对社会生活、自然景物的描写与主观感情融为一体而构成的艺术境界。这种境界有优美的画面，有真挚的感情，而且情与景水乳交融。

幼儿诗的语言十分凝练，其意象间的跨度很大。在阅读鉴赏时，充分发挥自己的想象力和生活体验，在自己的心中填充上“空白”，重新建构诗歌所营造的艺术世界。这一过程就是感受诗歌意境，领略诗意的过程，也是在欣赏诗歌中获得美的享受的过程。

这首诗完全从幼儿的眼光和心理出发，运用拟人的手法，短短五句诗，把下雨的过程及前后天空的变化，比作一个爱清洁的云姐姐在洗裙子，富有想象力。一会儿是乌云翻滚，一会儿是大雨滂沱，一会儿又是雨过天晴，意象跳跃恣肆，语言凝练传神，一个“晾”字，意境顿生，雨后的蓝天、白云缭绕山间的画面浮现在眼前，清新澄净，美不胜收。

幼儿诗的意境，往往是将浓郁的诗情寓于浅显流畅的语句，纯真的诗意常于幼儿习以为常的事物之中营造出来。幼儿诗的意境美存在于真实的语言形象之中，我们在鉴赏幼儿诗意境时可以从以下几个方面入手。

1. 从情与景的关系入手

（1）由景及情，情因景生。先描绘情感化的景物，进而由景及情，点染景中之情。例如张继楼的《灯塔》：天黑了，浪睡了，大海静悄悄，只有灯塔妈妈睡不着。睁着眼，到处瞧，看看有没有还没回来的船宝宝。

平静的海与闪烁的灯塔相互辉映，“灯塔妈妈睡不着”激活了这一自然景象，诗人的感情浸入，将景物变为意象。“睁着眼，到处瞧”情感被点染。于是，一个慈爱的母亲于宁静的夜晚在海边等待儿归的意境呼之欲出。

（2）以情写景，景在情中。注重主观情感的抒发，让景物描绘融化在情感的流泻之中。这样的幼儿诗占的比重比较多，因为意境构筑比较单纯，感情比较明朗，适合幼儿接受。

以景为主，把感情融化在景物描绘中，含而不露，寄情于言外，以“景之情”取胜。刘饶民的《春雨》就把对春雨润物的赞美之情隐藏在“种子”“梨花”“麦苗”“小朋友”对春雨渴望的呼唤之中，而全诗却不着一个“情”字。

意境的构成是个很复杂的美学问题，还涉及其他多方面的关系，初学者不可能一步到位，可以先尝试着从把握好情与景的关系和表现形式入手去赏析，积累赏析经验和知识，慢慢提高鉴赏水平。

2. 从表现手法入手鉴赏

幼儿诗虽然不像成人诗歌那样追求“空灵”和“模糊”的诗境，但作为诗，即使幼儿诗，也大量地运用表现手法来提升意境，鉴赏时从表现手法入手也能很容易找到切入意境的钥匙。

理解幼儿诗中通感、象征、比喻、拟人、借代等手法的运用，不仅有助于体会幼儿诗所抒之情，也容易感受幼儿诗自由的形式之美。鉴赏幼儿诗，要注意根据整首诗的旨意来判断各种修辞手法独特的审美效果。一般来说这些修辞手法可以使幼儿诗的意象鲜明生动，更能突出幼儿诗的情意。同时，句子也更形象含蓄，语义更丰富。

林焕彰的《蜻蜓》就运用了拟人的手法，不仅把蜻蜓拟人化，写蜻蜓轻轻地点水，池塘清清的，静静的，呆呆地笑了，同时也把池塘拟人化了。这池塘一笑，笑波随之“一圈又一圈，一圈又一圈”荡漾起来，池塘的笑，让蜻蜓惊讶得睁大眼睛，“蜻蜓的脸儿，只有两颗凸凸的大眼睛。”呵呵，蜻蜓瞪起凸凸的大眼睛是因为看到池塘笑而感到惊讶，意象真是新颖而独特。这一新鲜意象的创造，主要来自对这一拟人手法的运用，它就让幼儿诗灵动起来，使景物有了生命，因而蜻蜓点水在此就不再属于自然境界而属于诗境了。幼儿诗复叠手法的运用，加重了诗情的浓度，增强了诗的节奏感、音乐美和表现力。在不同的使用环境中，各种修辞手法都有独特的审美效果，结合具体语境和意境去分析，可以更好地领会诗的境界。

（三）品读诗味

诗歌鉴赏的最高层次在于品味诗歌的韵味。所谓诗歌韵味，是指潜伏在诗歌表层之下的深层意蕴，是需要读完之后掩卷遐思、反复玩味、深入发掘才能领悟到的。它较之诗歌形象、情感更为内在、更难以言传，常给人只可意会、不可言传的艺术感觉。这饱含“言外之意”和“弦外之音”的诗歌意境，总能给人一种心灵震撼和美感享受，是一种高层次的审美境界。

（资料来源：张喜梅，南易．幼儿文学阅读鉴赏与训练 [M]. 长春：吉林大学出版社，2016.）

任务二　幼儿诗诵读

▲ 任务描述

幼儿诗诵读是幼儿园教师必备的职业能力之一。本次学习任务以六一儿童节诗歌诵读活动入手，尝试进行幼儿诗诵读表演，掌握幼儿诗诵读的方式方法，体验幼儿诗诵读的乐趣。

▲ 学习目标

- 掌握幼儿诗的诵读方法。
- 能运用合适的形式表演幼儿诗诵读。
- 体验幼儿诗诵读的乐趣。

【情境导入】

儿童节快到了，霖霖所在的大二班要朗诵诗歌《我希望》，请试着赏析并吟诵。

我　希　望

我希望天上的星星越来越亮，人住的房子各式各样
全世界都不打仗，所有的小孩都能吃饱，还能穿上好看的衣裳
我希望书包变得越来越轻，每人都有一个智力魔棒
同学们都很友爱，还能天天受到老师表扬
我希望想玩就玩，想唱就唱
穿上带弹簧的衣鞋子，在阳光下奔跑，一步跨过大河登上山冈
我希望我有千百个希望，我要坐上月亮小船
飞呀！飞呀！去寻找实现我的希望

《我希望》诗歌朗诵

（资料来源：2010 年 6 月 1 日林妙可参加中央电视台“六一”晚会朗诵作品 .）

【思考答疑】

观看视频，思考视频中幼儿诗诵读的形式有哪些。

【实践演练】

以小组为单位，自选一首幼儿诗，尝试诵读，并进行展示交流。

【反思评价】

1. 你觉得幼儿诗诵读对幼儿的价值有哪些？

2. 请你对本次任务进行评价。

评价内容	自　评
课堂活动参与度	☆☆☆☆☆
小组活动贡献度	☆☆☆☆☆
学习内容接受度	☆☆☆☆☆

【学习支持】

（一）幼儿诗诵读的一般方法

1. 找到“诗里说话的声音”以表现幼儿趣味与情调

幼儿诗表现的是孩子眼中的生活、世界，抒写的是孩子的情感体验，因而诗里总会闪烁着孩子的眼睛，回响着孩子的声音，诉说他们的探索与发现，吟唱他们的喜怒与哀乐。“诗里说话的声音”，指的就是诗歌表现诗歌形象的角度。

2. 找出诗中的音乐形式加以充分表现

幼儿诗的结构形式具有多样性，有的比较工整，有的则结构形式比较自由，节无定行，行无定句，句无定字。但无论形式如何，幼儿诗因其情感的纯真明朗，与之相应，诗歌的韵律是自然明快、简洁流畅的。

（1）节拍分明

幼儿诗有一个共同特点：口语入诗，语言浅白，符合幼儿的语言发展以及生活经验。经过提炼的口语入诗，可以使幼儿较为敏锐地感受诗歌的音乐性。

（2）强调韵脚和反复出现的词语

韵脚是形成诗歌韵律和节奏感的主要因素，除此之外，幼儿诗中经常会出现其他带来音韵美的元素，它们也能够带来韵律感、节奏感，寻找幼儿诗语言的音乐形式时，除了韵脚，还要关注其他反复出现的语词，并在诵读时强化表现。

（二）指导幼儿朗诵诗歌的方式方法

教幼儿朗诵诗歌时首先要让幼儿尽量感受和理解诗歌内容。为了达到这个目的，可以采用以下方法。

（1）成人有感情地反复朗诵诗歌。成人有感情地反复朗诵能重现诗歌的优美旋律，让幼儿受到诗歌音乐美的感染，加深对诗歌的整体感受。同时成人的表情朗诵还能重现诗歌所描绘的场景，表达出诗歌所蕴含的感情，从而激起幼儿感情上的共鸣。这样幼儿便能受到诗歌的形式和内容两方面的感染而加深对诗歌的感受和理解。

（2）诗歌中难懂的，不好理解的地方做适当通俗的解释，对诗句之间被省略的话语加以必要的补充。如《小蚱蜢》这首诗：小蚱蜢，学跳高，一跳跳上狗尾巴草。腿一弹，脚一跷，“哪个有我跳得高！”草一摇，摔一跤，头上跌个大青包。成人在教这首诗时，应该向幼儿解释：“蚱蜢很小、很矮，它站在地上看狗尾巴草就像我们站在地上看高高的大楼一样，是很高很高的。小蚱蜢一下就跳到狗尾巴草上，就像我们小朋友能从地上一下子跳到高楼顶上一样。所以说小蚱蜢跳得高极了。”这样联系幼儿的生活经验来讲解就能使幼儿懂得诗的第一小节的意思是说小蚱蜢跳高的本事很大，谁都赶不上它。小蚱蜢一看自己跳得那么高，骄傲得不得了，忘记了站在狗尾巴草上不稳当，稍不留心就会摔下去，当然就更不能随便乱动了。这样就与下面的意思衔接起来，幼儿也就能具体形象地理解到诗歌的中心思想——有了成绩不能骄傲。

（3）幼儿朗诵前也可以先把诗歌内容编成一个小故事讲给幼儿听。要注意在编故事时就把诗中难理解的词语和意思变成通俗易懂的口头语言，并将诗句之间省略的意思补充出来，帮助幼儿理解诗歌的内容。

（4）用直观教具帮助幼儿感受、理解。使用桌上戏、贴绒教具、木偶、幻灯片，成人一边朗诵一边演示教具。

（5）创设诗歌的情景，使幼儿产生身临其境的感受。如把诗歌内容编成一段小戏先演给幼儿看。演员可由成人也可由幼儿担任。又如把环境尽量布置得和诗歌中的情境一样。

（6）成人一边朗诵一边画简图示意，帮助幼儿理解和记忆。如教《学雷锋》时，可抓住诗歌情节发展的几个关键点，简笔勾画几个人物。

（7）教幼儿朗诵前，抓住日常生活中的有利时机启发幼儿想象，把幼儿引入与诗歌内容相似的诗情画意中。

总之，幼儿不识字，学习诗歌必须以教师的语言作中介物，示范朗诵是教幼儿朗诵的主要手段。所以成人朗诵必须有强烈的感染力，能重现诗歌的艺术形象，把幼儿带入诗歌的意境中去。

任务三　幼儿诗创作

▲ 任务描述

幼儿诗的写作，或者是描写幼儿童真童趣的生活，或者是抒发作者的感情、感受，或者是营造含蕴、高雅的意境。为了取得最佳的表现效果，在创作时，都会充分地考虑幼儿诗创作的基本原则和各种表现手法，避免出现单一化、与幼儿世界相脱离的“非幼儿”诗作。

本次学习任务是结合幼儿诗的特点学习仿编幼儿诗，掌握幼儿诗创作的方式方法。

▲ 学习目标

- 掌握幼儿诗创作的原则与方法。
- 能够根据主题创作不同形式的幼儿诗。
- 激发创新思维，具有创作意识。

【情境导入】

对每个孩子来说，妈妈的爱都是最珍贵的。母亲节快到了，大班李老师请幼儿创编一首关于《妈妈的爱》的诗送给自己的妈妈。

母爱诗歌

【思考答疑】

1. 回忆平常从哪些事情上感受到妈妈的爱。

2. 如何把妈妈爱你的一点一滴编成幼儿诗？回顾幼儿诗的特点作答。

【实践演练】

1. 请把下面这首幼儿诗补充完整。

假如我有一朵七色花，

我想有一朵七色花，

第一片送给失学的孩子们，让他们走进校园。

第二片送给世界上的残疾人，使他们健康快乐。

第三片______________________________

第四片______________________________

第五片______________________________

第六片______________________________

第七片______________________________

2. 以小组为单位，从“自然”“父亲”“玩具”中自选一个关键词进行幼儿诗创作，并交流分享。

____

____

____

____

____

____

____

____

【反思评价】

1. 你觉得幼儿诗创作最重要的方法是什么？

2. 请你对本次任务进行评价。

评 价 内 容	自　　评
课堂活动参与度	☆☆☆☆☆
小组活动贡献度	☆☆☆☆☆
学习内容接受度	☆☆☆☆☆

【学习支持】

幼儿诗的创作通常遵循以下 3 个原则。

（一）善于想象、充满想象

幼儿诗必须符合幼儿的丰富想象力，创造优美的意境，让幼儿在奇妙多姿的世界里，展开想象的翅膀，感悟诗的题旨。这就要求在创作幼儿诗时，在想象的世界中用心灵和幼儿对话。

（二）感悟童真童趣

幼儿诗的情感必须从幼儿心灵深处抒发出来，展示幼儿语言、幼儿生活的天真与童趣，逼真地传达出幼儿那美好的感情、善良的愿望、有趣的情致。

（三）巧用表现手法

比喻、拟人、排比、摹声等是幼儿诗写作中常常会用到的修辞手法。而修辞手法的运用，会为幼儿诗本身增添许多趣味。

1. 比喻法

比喻法指的是抓住事物之间的相似之处，把一物比作另一物。比喻法分为以下两种。

一是明喻法，就是用“甲像乙”这种句式来写。“像”字也可灵活地改用为“似”“如”“如同”“好比”“好像”“仿佛”等同义字词。此法适合描写实物、大自然景象或事物的特点。二是隐喻法。比起明喻法，隐喻法就像个含蓄的小姑娘，利用“甲是乙”这种方式来形容人、事、物。有时也将“是”写为“就是”“成”“成为”“变为”等词。

2. 拟人法

拟人法指的是把物当作有思想的人来写，让它们会想问题、会说话。与拟人法相对应的还有拟物法，就是把人当作物来写。我们在形容一个人时，常用这种方法来强调他的性格、长相等，如“小妹温顺得像一只绵羊”“他顽固得像一块石头”。

3. 排比法

排比法指的是用同一个词或同一种句型描写一件事物。排比是一种重要的表达方式，诗歌中的排比为幼儿言语表达提供了言说和创造的机会。

4. 阅兵法

阅兵法指的是分层次描写，突出主题。

5. 假设法

假设法指的是使用“假如”“如果”等假设词，写出希望和想象。

6. 问答法

问答法指的是先提问后回答。

7. 摹声法

摹声法指的是模仿各种生物或东西特有的声音来写。

（资料来源：刘海丽，朱福芳．幼儿文学阅读与指导 [M]. 北京：北京师范大学出版社，2016.）

任务四　幼儿诗教学

▲ **任务描述**

幼儿诗教学活动是幼儿园常见的一种语言教育活动类型，旨在通过幼儿诗的学习发展幼儿的语言表达能力。本次学习任务以情境“幼儿诗《树真好》活动设计与组织”入手，通过阅读一线教师的教学设计，掌握幼儿诗教学活动的一般流程和方式方法，具有初步的幼儿诗教学活动设计和组织能力。

《树真好》课堂实录

▲ **学习目标**

- 掌握幼儿诗教学活动设计的基本结构。
- 掌握幼儿诗教学活动的常用方法。
- 能够设计与组织幼儿诗教学活动。

【情境导入】

如果要将《树真好》这首幼儿诗教给中班的幼儿，该如何设计与组织呢？

【思考答疑】

1. 对提供的幼儿诗材料《树真好》进行鉴赏，尝试撰写作品分析，并谈谈对幼儿的教育价值。

作品分析	教育价值

2. 参照《3～6岁儿童学习与发展指南》语言领域中对中班幼儿的目标要求，设计《树真好》教学目标。

3. 观摩教学视频，撰写教师执教的活动的流程和教学方法。

活动流程	教学方法
环节一 环节二 环节三 ……	

【实践演练】

请以小组为单位，根据提供的材料，进行教学活动设计，并选择一个教学节段进行模拟教学。

活动材料：《树真好》教学课件，大树头饰、小鸟头饰人手一个，树妈妈道具，大挂图，背景音乐。

组别：	成员：	评分：
活动目标：1. 2. 3.		
活动准备：		
活动过程：		
活动延伸：		

【反思评价】

1. 你在幼儿诗教学活动任务中有哪些收获与困难？

2. 请你对本次任务进行评价。

评 价 内 容	自　评
课堂活动参与度	☆☆☆☆☆
小组活动贡献度	☆☆☆☆☆
学习内容接受度	☆☆☆☆☆

【学习支持】

幼儿园各年龄段的诗歌，情感洋溢，想象丰富，语言凝练，并集中体现了语言艺术的形式美特征，给幼儿以强烈的美的刺激，形成情感的共鸣。

诗歌教学首先是一种美感体验的活动，是一个由感受而感动的过程。其次，诗歌学习是师幼共同进行的文学审美活动，教师要有意识地引导幼儿感受、体验诗歌中丰富多样的情感。诗歌教学的组织与指导，教师能否采用适宜的教学方法和策略，将直接影响幼儿对诗歌的理解、体验和感受以及诗歌教学的教育价值的充分发挥。因此，如何组织和指导好诗歌教学，是值得探讨的。

在教学实践中，根据幼儿的年龄及诗歌本身的特点，大多采用以下几种教学方法。

（一）图文并茂法

图文并茂就是将教学内容直观化，让幼儿一边观察，一边学习。例如在学习儿歌《藏猫猫》时考虑到，儿歌中的星星、月亮、云朵这三者之间的藏猫猫游戏，对幼儿来说不是那么好理解，就现场在黑板上画了一幅该儿歌意境的简笔画，引导幼儿看图理解儿歌的内容，每一句诗歌都有相应的画面去诠释，理解了画面后，再反过来通过画面把儿歌一句一句地说出来，这种情况下，幼儿很快就能理解并掌握儿歌的内容。

（二）情景表演法

情景表演法就是由老师或小朋友扮演不同的角色，通过肢体语言来表现儿歌内容。如在教《我要自己走》这首儿歌时，鼓励幼儿去表演儿歌中的不同人物，“小鸟自己飞”，就让孩子们自己创编小鸟飞的动作，动作做得好的就让其他孩子也去学一学，然后“小兔自己跳”“小鱼自己游”“小马自己跑”等句都让孩子们自己发挥他们的想象，用肢体语言来表达，等表演完了，一首儿歌也在轻松愉快中学会了。

（三）接龙游戏法

有时在儿歌学得半生不熟的时候，幼儿容易失去耐心，就显得注意力容易分散，怎么样来吸引他们的注意力呢？最好的办法就是游戏。在教学过程中用得最多的就是“接龙游戏”，就是教师念前一部分，孩子们接后一部分，看谁接得又对又快！

（四）创编故事法

有时在教授儿歌之前，教师可以把儿歌内容编成一个故事，孩子们都爱听故事，你一下就可以抓住他们的注意力，而且通过故事的理解，他们对儿歌内容也就有了大致的了解，在此基础上，再加上老师的示范朗诵和提问谈话，帮助幼儿进一步理解儿歌的语言和内容。

总之，在教学的过程中，教师要灵活运用教材教法，让孩子们轻松学习知识，发展智力，更能让他们体验到集体活动的快乐。

学习笔记

课后提升

一、幼儿诗创作

1. 用比喻法创作一首关于“月亮”的儿歌。

2. 用排比法创作一首关于“风”的儿歌。

二、幼儿诗教学实践

在幼儿园实习期间开展一节幼儿诗教学活动，并撰写活动方案。

考核评价

评价阶段	评价内容	佐证	教师评价	学生自评	学生互评	平台评测	是否达标（达标√ 未达标×）
课前自学	自学自测	是否完成测试题					
课中实训	幼儿诗鉴赏	作品分析					
	幼儿诗诵读	诵读作品					
	幼儿诗创作	创作作品					
	幼儿诗教学	教学方案撰写及模拟教学情况					
课后提升	课后作业	完成课后作业					

拓展资源

百岁诗娃娃：我的父亲圣野。

圣野曾获“第 33 届陈伯吹国际儿童文学奖”特殊贡献奖。

《百岁诗娃娃：我的父亲圣野》

学习笔记

项目四　幼儿童话鉴赏与实践

【项目概述】

童话是儿童文学的一种体裁，是通过丰富的想象、幻想和夸张编写的适合儿童欣赏的故事。幼儿童话是适合3～6岁儿童听赏的童话。本项目重点学习幼儿童话的概念和特点，并进行幼儿童话鉴赏、幼儿童话创作、幼儿童话讲述以及幼儿童话教学活动设计。

项目四　学习导航

【学习目标】

知识目标：

1. 了解幼儿童话的概念和历史。
2. 理解幼儿童话形式与形象类型。
3. 掌握幼儿童话的特点。

能力目标：

1. 能进行幼儿童话的创作与表演。
2. 能结合作品分析鉴赏、讲述幼儿童话。
3. 能够撰写幼儿童话的教学活动设计方案并开展教学活动。

素质目标：

1. 感受幼儿童话的魅力，提高文学修养，增强文化自信。
2. 树立正确的职业理念，科学的儿童观、教育观，仁爱之心。
3. 美好品质：创新思维、自学能力、思辨能力。

案例先导

桃树下的小白兔

冰　波

远远的，滚来一个雪球，哟，不是雪球，是一只小白兔，连蹦带跳地跑了过来。老桃树摇着树枝说："小白兔，你就住在我这儿吧！这儿多美呀，有草地，有鲜花，还有一条小溪，整天叮冬叮冬弹着琴。"小白兔点点头，就在老桃树的树根旁边挖了个洞，住了下来。一天，小白兔跑到水塘边，一瞧，水塘上映着蓝天，白云，咿，怎么还有一片粉红色的东西？小白兔抬头一望，哟，原来是一树桃花。暖和的风吹过，花瓣落了下来，好像下着一场粉红色的雪，小白兔捡起花瓣，想起许多朋友。"我要把这些花瓣寄给我的朋友。"小白兔在每一个信封，装进一片花瓣，再把信往天上一撒，说："飞吧，飞吧，快飞到朋友的身边去！"

老山羊正在看书，小白兔的信飞来了，老山羊拆开信封，一片花瓣轻轻地落在他的书上，啊，这是一张书签哪！往后，我一翻开书，就能看见这张漂亮的书签，有多好呀！小猫望着天空，她在想心思，明天是她的生日，得打扮得漂漂亮亮的，要是有只好看的发夹，那有多美。小白兔来信了，那是一片花瓣，小猫乐得跳了起来，这正是我想要的发夹。小松鼠坐在树枝上，听妈妈给他讲故事。小白兔来信了，小松鼠见到那粉红色的花瓣，嚷着说："这是一把小扇子吗？真好，真好！妈妈，到了夏天，你给我讲故事的时候，我给你扇凉风。"小鸡们有了一顶太阳帽，那就是小白兔寄来的花瓣。他们春游去，这顶太阳帽，你戴一会儿，我戴一会儿，你和我都变得更美丽了。睡吧，我的宝贝……金龟子妈妈唱着摇篮曲，可是小金龟子老睡不着，原来那果壳做的摇篮太硬了，就在这时候，小白兔来信了，金龟子妈妈看见那片花瓣，说：这是小宝贝的摇篮呀！小金龟子躺在新的摇篮里，软软的，还有点香味呢，它一会儿就睡着了。小蚂蚁也收到了小白兔寄来的花瓣，它说：这是一只小船呀！我正好乘了它，到水塘对岸搬粮食去，粉红色的小船在水塘里飘呀飘呀，真好玩。

一天清晨，一支有趣的队伍来到小溪边。老山羊夹着书，书里露出半张粉红色的书签。小猫戴着一只粉红色的太阳帽，小松鼠拿着一把粉红色的扇子，金龟子妈妈背着一只粉红色的摇篮，摇篮里，躺着它的小宝宝。啊，小溪里还飘来一只粉红色的小船，上面坐着很多蚂蚁。这是到哪里去春游啊？它们说：我们要去小白兔的家！大家围着小白兔说：谢谢你寄给我们礼物！小白兔笑了，说：哎呀，我给你们寄去的是桃花瓣呀！可是你们，嘻嘻，真逗！桃花？什么叫桃花呀？难道这不是书签么？难道这不是小船么？…… 小白兔说：你们没见过桃花吗？就是这棵树开出的花，可是，现在谢了……大家抬起头，望着高大的老桃树，原来小白兔的礼物是桃花呀！大家围着老桃树唱一支春天的歌，"明年春天，我们都要来看桃花。"大家说。"来吧，来吧，"小白兔高兴极了，"明年，桃花会开得更美！"

（资料来源：冰波 . 桃树下的小白兔 [M]. 武汉：长江少年儿童出版社，2019.）

思考：

1. 谈一谈这个童话给你带来的感受。
2. 搜集一个幼儿童话并赏析。

课前自学

一、童话的概念与历史

（一）童话的概念

《现代汉语词典》对童话的解释是："儿童文学的一种体裁，通过丰富的想象、幻想和夸张来编写的适合儿童欣赏的故事。”童话是按照儿童的心理特点和需要，通过丰富的幻想和夸张的手法来塑造鲜明的形象，用曲折动人的故事情节和浅显易懂的语言文字反映现实生活。

（二）童话的起源与发展

中外童话都经历了三个发展阶段：口头流传的民间童话阶段，记载、收集、整理的古代童话阶段，创作的现代童话阶段。

1. 童话起源于神话和传说

童话的历史源远流长，最初是传统口述民间故事的一部分。最早的童话是由神话、传说演变而来，起源于民间口头创作与传播。神话是最古老的文学样式，是远古时期的人民所创造的反映人与自然的关系以及社会形态的一个有高度幻想性的故事。传说是依据一定的历史人物、历史事件及与地方古迹、自然风物、社会习俗有关的具有较强的历史性的故事。随着社会的发展，童话慢慢地演变成一种曲折地反映现实生活、寄托美好理想的方式，特别是反映儿童生活的方式。

据说最早以文字形式流传的童话故事出现在公元前 1300 年的古埃及，自此之后童话故事开始在写作形式的文学作品中出现。印度在公元前 275—公元 275 年成书的《五卷书》被认为是最早的具有童话色彩的民间故事集。17 世纪法国作家沙尔・贝洛的《鹅妈妈的故事》，19 世纪德国格林兄弟的《儿童与家庭童话集》都是为儿童搜集整理的民间故事。

2. 童话的发展

丹麦作家安徒生 1853 年发表了《讲给孩子们听的故事》第一部，开创了文人独立创作童话的新时代。安徒生既是丹麦著名的童话作家，也是世界文学童话的代表人物之一，被誉为“世界儿童文学的太阳”“世界童话大王”。安徒生用 40 年创作了 168 篇童话，他是真正意义上的原创童话作家，最著名的童话故事有《小锡兵》《拇指姑娘》《卖火柴的小女孩》《丑小鸭》等，是世界公认的“现代童话之父”。

中国古代没有“童话”这一名称。“童话”一词的出现，最早见于 1909 年孙毓修主编的儿童读物《童话》，其中刊发的主要作品来自民间童话，译介的外国作品也多是安徒生以前流传于西方的民间故事和童话。中国古代没有一本较为完整的童话书保留下来，但先秦诸子著作中的寓言，《穆天子传》《楚辞》《山海经》等我国古代的经典著作中也包含着丰富的童话元素，其中《山海经》被后人誉为中国“童话的摇篮”。

1921 年，叶圣陶的第一篇童话《小白船》发表在郑振铎创办的《儿童世界》上，从此开始了他的童话创作。1923 年，叶圣陶出版童话作品集《稻草人》，成为我国最早的现代创作童话集。鲁迅先生高度赞誉叶圣陶的《稻草人》是“给中国的童话开了一条自己创作的路”。同时期童话创作的佼佼者还有张天翼，他的《大林和小林》是我国第一部长篇童话，他的另一部作品《秃秃大王》也引起了强烈的反响。

新中国成立后的10年，是我国童话的黄金期。张天翼的《宝葫芦的秘密》，严文井的《小溪流的歌》《“下次开船”港》，孙幼军的《小布头奇遇记》，彭文席的《小马过河》，金近《小鲤鱼跳龙门》《小猫钓鱼》，包蕾的《猪八戒吃西瓜》、陈伯吹的《一只想飞的猫》、洪汛涛的《神笔马良》、葛翠琳的《野葡萄》、任溶溶的《没头脑和不高兴》达到了很高的艺术水平，都深受孩子们喜爱。20世纪80年代至今，以郑渊洁为代表的童话作家也呈现出极大的创作热情，为孩子们奉献出风格多样的作品。

二、幼儿童话的形式类型

（一）民间童话与创作童话

从作品形成的角度，可以把童话分为民间童话和创作童话。

1. 民间童话

民间童话是民间文学的一部分，具有集体性、口头性和变异性。民间童话以口耳相传的方式在民众间世代相传，讲故事的人常常会自觉或不自觉地把自己的经验、理解、情绪融进故事里，使得最初口头版本的民间童话发生了变异，具有了故事讲述人的个性，同一个童话往往会有几种变体。

2. 创作童话

创作童话，是作家创作的童话，是书面作品，创作方法多样，具有独特的艺术个性。创作童话可以分为两类：一类是利用民间童话创作的，在加工改编中加入了当代的价值观念，另一类则是全新的创作作品。如《三只小猪》和《三只小猪的真实故事》。

（二）热闹派童话与抒情型童话

根据作品的艺术风格，可以把童话分为热闹派童话和抒情型童话。

1. 热闹派童话

热闹派童话重情节、重幻想，运用极度夸张、变形、象征等艺术手法制造闹剧效果，用漫画似的幽默使读者获得快感。热闹派童话往往具有奇妙丰富的想象，故事性强，注重人物形象的塑造，形象、情节怪异荒诞，充满游戏感。看似荒诞，但其中蕴含着作者有关人生、社会的认识，如卡洛尔的《爱丽丝漫游奇境记》，科洛狄的《木偶奇遇记》，张天翼的《大林和小林》和《秃秃大王》开创了我国热闹派童话的历史。郑渊洁创造了一系列热闹派童话形象，如皮皮鲁、鲁西西、舒克、贝塔等。

2. 抒情型童话

抒情型童话借用了散文和诗歌的表现手法，重情绪、情感的表现，意境优美。安徒生《海的女儿》具有浓郁的抒情性，令人神往的海底世界、小美人鱼对人类生活的幻想与渴望都有着如诗般优美的意境和强烈的感情。《桃树下的小白兔》充满了纯真的情感，以诗化的语言表现童话，诗的意象与童话的幻想交相辉映。

三、幼儿童话的形象类型

从人物角度分，童话可分为超人体童话、拟人体童话和常人体童话。

（一）超人体童话形象

超人体童话形象是指那些以超越自然面貌出现的、具备创造奇迹的超常能力的形象。超人体童话形象很多时候是人的愿望的象征，他们所具有的神奇的能力可以满足主人公在现实生活中无法实现的愿望。

超人体童话形象起源于神话、传说，后来成为民间童话中最常见的形象类型。当故事主人公身处困境时，超人体童话角色就会帮助他克服困难，创造奇迹。超人体童话中的人物是超自然的人物，拥有超常能力或魔法，如《神笔马良》《海的女儿》等。

（二）拟人体童话形象

拟人体童话形象是指将人类以外的各种有生命或无生命的事物，运用拟人手法人格化了的形象。这类形象是将动物、植物、无生命的物体，甚至是自然社会中的某些现象作为童话的角色，赋予它们人的情感、思维方式、行为语言等。

拟人体童话形象中最普遍的是动物拟人化。除了动物还可以是非生物、自然现象、抽象概念等，如玩具熊、春姑娘、风婆婆等，只要是我们意识或想象中的任何事物，都可以成为拟人化的对象。拟人体童话中的人物是被赋予了人类生命及思想感情的鸟兽虫鱼、花草树木等动植物和石头沙土等无生命的事物，如《丑小鸭》《古代英雄的石像》等。

（三）常人体童话形象

常人体童话形象是指以人的本来面目出现在童话中的人物形象。常人体童话形象只是普通人，没有超凡的能力和神奇的宝物。与普通人不同的是，他们在童话中的行为性格、经历命运都是极其夸张的。

学习笔记

自学自测

一、单项选择题

1.《鹅妈妈的故事》是（　　）国作家搜集整理的。

A. 俄国　　B. 中国　　C. 法国　　D. 德国

2.“现代童话之父”是（　　）。

A. 安徒生　　B. 叶圣陶　　C. 格林兄弟　　D. 张天翼

3. 从人物角度分，童话可分为超人体童话、拟人体童话和（　　）。

A. 仿人体童话　　B. 常人体童话　　C. 人体童话　　D. 成人体童话

4. 下列作品不属于“热闹派童话”类型的是（　　）。

A.《海的女儿》　　B.《爱丽丝漫游奇境记》

C.《大林和小林》　　D.《秃秃大王》

5. 下列不属于童话常采用的表现手法的是（　　）。

A. 拟人　　B. 神化　　C. 写实　　D. 象征

二、思考题

很早以前，有三个强盗，他们是很凶、很凶的强盗。他们穿着宽大的斗篷，戴着圆黑的帽子，帽子很高，帽檐耷拉下来，差不多遮住了眼睛。他们出去抢劫，都是躲躲闪闪的。

（资料来源：汤米·温格尔 . 三个强盗 [M]. 张剑鸣，译 . 济南：明天出版社，2009.）

思考：这段童话的开头有什么特点？为什么这样设计？

学习笔记

课中实训

任务一　幼儿童话鉴赏

▲ 任务描述

幼儿童话鉴赏是幼儿园教师必备文学素养之一。本次学习任务以情境："童话《三只蝴蝶》鉴赏"入手感受幼儿童话的魅力，了解幼儿童话鉴赏的方式方法。

▲ 学习目标

- 掌握幼儿童话的特点。
- 能够从语言、结构、表现手法等方面进行幼儿童话鉴赏。
- 学习鉴赏幼儿童话，提高文学鉴赏能力。

【情境导入】

林老师给中班的小朋友们讲了个童话，名字叫《三只蝴蝶》。

花园里有三只蝴蝶，一只是红色的，一只是黄色的，一只是白色的。三个好朋友天天都在一起玩。

一天，它们正玩着，天突然下起了雨。三只蝴蝶的翅膀都被雨打湿了，浑身冻得发抖。

三只小蝴蝶一起飞到红花那里，对红花说："红花姐姐，让我们飞到你的叶子下面躲躲雨吧！"

红花说："红蝴蝶进来吧，其他的快飞开！"

三个好朋友一齐摇摇头："我们是好朋友，一块儿来，也一块儿走。"

它们又飞到黄花那里，对黄花说："黄花姐姐，让我们飞到你的叶子下面躲躲雨吧！"黄花说："黄蝴蝶进来吧，其他的快飞开！"

三个好朋友一齐摇摇头："我们是好朋友，一块儿来，也一块儿走。"

然后，它们又飞到白花那里，对白花说："白花姐姐，让我们飞到你的叶子下面躲躲雨吧。"

可是白花也说："白蝴蝶进来吧，其他的快飞开！"

这三个好朋友还是一齐摇摇头，对白花说："我们是好朋友，一块儿来，也一块儿走。"

这时，太阳公公看见了，赶忙把乌云赶走，叫雨停下。

天终于晴了，这三个好朋友又一起在花丛中跳舞、玩游戏。

（编者：虞哲光）

童话故事讲完后，林老师请小朋友思考两个问题。第一个问题是，花园里的三只蝴蝶是什么颜色的呢？第二个问题是，为什么三只蝴蝶宁可淋雨也不愿意到花下躲雨？

【思考答疑】

1. 这篇童话赞颂了哪种感情？

2. 这篇童话的结构有什么特点？

【实践演练】

1. 请从内容、语言、结构、表现手法等方面对《三只蝴蝶》这篇幼儿童话进行鉴赏。

《三只蝴蝶》幼儿童话鉴赏

2. 请搜集一些幼儿童话，同学们互相交流一下吧！

【反思评价】

1. 你觉得鉴赏幼儿童话时，需要注意哪些问题？

2. 请你对本次任务进行评价。

评 价 内 容	自　评
课堂活动参与度	☆☆☆☆☆
小组活动贡献度	☆☆☆☆☆
学习内容接受度	☆☆☆☆☆

【学习支持】

童话通过丰富的想象、幻想和夸张来编写适合儿童欣赏的故事。童话具有语言通俗生动，故事情节离奇曲折、引人入胜的特点。在鉴赏童话时，可从叙事结构、表现手法、故事语言等方面入手。

（一）叙事结构

由于幼儿的生理和心理特点，幼儿童话要产生充足的吸引力，必须情节生动，采用的叙事结构有以下几种。

1. 反复式

反复式的叙事结构在民间童话中很普遍，常见的是三段式，即情节展开过程是三次。如《灰姑娘》中灰姑娘三次从舞会逃离，《白雪公主》皇后三次到森林加害白雪公主；角色设计也往往是三姐妹、三兄弟、三只熊、三只小猪。

《拇指姑娘》

在现代幼儿童话中，三段式的叙事结构仍然可见。如《小蝌蚪找妈妈》中，小蝌蚪误认大鱼、乌龟和大白鹅为妈妈，是三次；《去年的树》中，鸟儿为了找树，先后向树根、大门、小女孩打听树的下落，是三次。《小蝌蚪找妈妈》等，都运用反复的手法推进情节，结构既相对简单，又可以形成循环往复的节奏美。

《丑小鸭》

2. 对照式

对照式在传统童话中也是常见的叙事形式，如《灰姑娘》中灰姑娘与两个姐姐，就是对照式的形象。又如贝洛的《仙女》中妹妹善良美丽，姐姐恶毒傲慢。传统童话往往表达惩恶扬善的主题，运用对照式就能鲜明地彰显主题。

《灰姑娘》

在现代幼儿童话中采用对照式结构并不是为了彰显主题，而是以对比的形式来增强形象、情节的趣味性。《长腿七和短腿八》中，“长腿七的两条腿有七尺长。短腿八的两条腿只有一尺八寸长”。童话一开篇，就呈现了形成鲜明对比的长腿七与短腿八的形象。

3. 循环式

循环式是一种首尾呼应的叙事结构。循环式结构是圆形的，读起来会有一种亲切又惊异的满足感，同时这种结构具有循环往复的韵律和节奏，游戏感强烈，非常符合幼儿的接受心理，如《萝卜回来了》。

幼儿童话的各种叙事形式可以综合运用，《给狗熊奶奶读信》就是反复式和对照式的结合。

（二）表现手法

根据儿童的心理特点和需求，将现实世界中一些荒诞的现象或者人性的弱点等，通过丰富的幻想、想象和夸张加以放大或者强调，使其更加突出。童话的魅力来自奇异的幻想，幼儿童话的幻想具有强烈的游戏性，其常用的文学表现手法主要是拟人、夸张、变形（怪诞）、神化、象征等。

1. 拟人

在童话世界里，不论是小猫小狗还是大树城堡，都可以有自己的语言行为和思想情感。这种手法十分符合幼儿的泛灵思想，在幼儿心目中，一切鸟兽虫鱼、山川草木都是有生命的。

2. 夸张

夸张能够使幻想的画面和人物的某些特征更加鲜明突出，使故事变得神奇、怪异、荒诞、有趣，符合幼儿的审美特征，能够营造强烈的童话氛围，也能给幼儿带来笑声。

3. 变形（怪诞）

运用幻想与夸张，将人变成某种事物或将人体的某些部分变形、异化。或利用尖锐的夸张，使现实中的形象、现象具有离奇古怪的形式。

4. 神化

有的是人物形象本身具有超能力，有的是借助魔法宝物，等等。神化能够帮助幼儿打破现实成见，展开想象力，发展他们的思维，增添童话的趣味性，营造一个充满幻想的童话世界。

5. 象征

童话是把幻想与现实结合起来的一种重要方式，它的特点是利用象征物与被象征物之间的某种联系，使被象征内容得到强烈、集中、形象但是又含蓄的表现，从而曲折地反映现实生活。

（三）语言简洁明快，直接动感

1. 开门见山，开头直接进入情节

幼儿童话一般直接叙述情节的发展，很少对环境做具体的描绘、对人物形象做细致的刻画、对角色心理做细腻的描写。

2. 语言简洁，行文节奏流畅

如冰波的《小鸭子吃星星》，句式短小、富有动感，词汇以名词、动词为主，修饰语很少。作者以简洁动感的语言讲述了一个精巧、可爱的故事。

任务二　幼儿童话改编

▲ 任务描述

幼儿喜欢童话主要是被其中精彩的故事情节吸引，但有些民间童话故事在语言、结构、主题上却不适合幼儿直接听赏，如果加以改编，会大大丰富幼儿童话的内容。本次学习任务从改编格林童话《白雪公主》入手，从而掌握幼儿童话的改编方法。

▲ 学习目标

- 掌握幼儿童话改编的方法。
- 能够根据不同需要改编幼儿童话。
- 培养思辨能力，树立正确的儿童观。

【情境导入】

中一班张老师要为孩子们讲格林童话中《白雪公主》的故事。张老师读完原版作品后，发现有些语言和内容并不适合幼儿直接听赏，于是进行了改编。以下是张老师改编前后的作品节段。

改编前：

冬天，雪花像羽毛一样从天上落下来。一个王后坐在乌木框子窗边一边缝衣服，一边抬头看看雪，缝针就把指头戳破了，流出血来，有三滴血滴到雪上。鲜红的血衬着白雪，非常美丽，于是她想："我希望有一个孩子，皮肤白里泛红，头发像这乌木框子一样黑。"不久，她生了一个女孩，皮肤像雪那么白净，嘴唇像血那么鲜红，头发像乌木那么黑，给她起了一个名字，叫"白雪公主"。

改编后：

从前有一位王后，生了一个女儿，她的皮肤像雪一样白，王后就给她起了一个漂亮的名字叫白雪公主。

【思考答疑】

1. 根据幼儿年龄特点，你认为张老师这样改编合适吗？
2. 改编后的《白雪公主》好在哪里？

____

____

____

____

【实践演练】

请对安徒生童话《皇帝的新装》（节段）进行改编。

许多年以前，有一位皇帝，他非常喜欢好看的新衣服。为了穿得漂亮，他不惜把他所有的钱都花掉。他既不关心他的军队，也不喜欢去看戏，也不喜欢乘马车去游公园，除非是为了炫耀一下他的新衣服。他每一天每一点钟都要换一套衣服。正如人们一提到皇帝时不免要说“他在会议室里”一样，人们提到他的时候总是说：“皇上在更衣室里。”

《皇帝的新装》

【反思评价】

1. 你认为幼儿童话改编中，最需要注意的是什么？

2. 请你对本次任务进行评价。

评价内容	自　评
课堂活动参与度	☆☆☆☆☆
小组活动贡献度	☆☆☆☆☆
学习内容接受度	☆☆☆☆☆

【学习支持】

对童话的改编，大体有以下两种。

（一）删减式改编

幼儿年龄小，注意力时间短，理解能力有限，听赏时间最好在10分钟以内。这就需要把较长的童话进行有效删减，改编成字数较少、篇幅较短的内容。这种改编遵循的原则是，删减背景，浅化主题；删减心理描写和环境描写；删减情节；删减角色。

王尔德《自私的巨人》

如韦苇的《巨人的花园》，改编自巴金翻译的王尔德《自私的巨人》。

（二）创作式改编

在改编时，仅选用原作品的某些元素，赋予创作出的作品崭新的情节和主题。如包蕾的《猪八戒吃西瓜》。

总之，童话的主题单一、情节简单、语言明快、优美动人、瑰丽奇特，对儿童、青少年乃至成人都有极大的吸引力。但是，大多数童话篇幅较长，不适合 3 到 6 岁的幼儿直接听赏，这样就需要改编。另外，有些童话在创作时，受时代背景和作者世界观的局限，传达的价值观不适合当下，所以，将原有童话进行改编，传达诚信、善良、合作、友爱等美德，帮助幼儿树立正确的道德观、价值观，也是很有必要的。

学习笔记

任务三　幼儿童话创作

▲ 任务描述

幼儿童话创作是幼儿园教师必备的文学素养之一。本次学习任务：从提供的关键词“镜子”“女孩”“老爷爷”“海底”“勇气”“诚实”“金钥匙”“森林”中，自选关键词进行童话创作，掌握童话创作的方式方法。

▲ 学习目标

- 掌握幼儿童话创作的方法。
- 能够根据主题进行童话创作。
- 激发创新思维，具有创作意识。

【情境导入】

从提供的关键词“镜子”“女孩”“海底”“勇气”“诚实”“金钥匙”“森林”中，自选一组关键词进行童话创作。

【思考答疑】

1. 你选择了哪些关键词？

2. 这些关键词有什么特点？

【实践演练】

1. 根据自选的关键词完成幼儿童话创作。

要求：

（1）内容充满童真童趣，想象奇特。

（2）语言浅显易懂，适合幼儿欣赏。

（3）题目自拟，不得抄袭。

（4）字数要求不少于600字。

2. 说说幼儿童话创作的感受和注意事项。

【反思评价】

1. 幼儿童话创作有哪些方法?

2. 请你对本次任务进行评价。

评价内容	自评
课堂活动参与度	☆☆☆☆☆
小组活动贡献度	☆☆☆☆☆
学习内容接受度	☆☆☆☆☆

【学习支持】

童话的创作方法一般分为两种：一种是利用民间流传的童话为素材进行加工、改写或再创作，融入作家个性化的创作，如普希金的《渔夫和金鱼的故事》、洪汛涛的《神笔马良》等。另一种是以生活为基础展开想象，创作出全新的童话，当代童话作家多数属于这种情况。

创作童话，首先要培养童话式的思维能力，以孩子的视角看世界，养成童话思维的习惯。

（一）童话创作的基本方法

（1）环境。通过幻想创造一个虚幻的想象空间。

（2）事件。通过幻想编织一个虚拟的情节事件。

（3）形象。通过幻想塑造熟悉又有新鲜感的人物形象。

（二）童话创作的幻想手法

1. 拟人法

用人格化的手法让动植物、微生物能像人一样说话、活动。不需要引入任何媒介，直接写出“鸟言兽语”的童话世界。拟人是幼儿童话中使用最多的表现手法。

2. 梦游法

通过做梦进入幻想世界。梦是人的潜意识在睡眠状态中的自然流动，具有极大的随意性与跳跃性。以梦为由，创造活泼多变、既虚幻又真实的童话世界，方便而自然。

3. 入画法

靠幻觉进入画面，从而引出幻想的境界。写一天下午，鲁西西放学后在家里写作业，在刮铅笔芯时不小心把刀刮到桌面上，从桌面上传来“哎哟！疼死了！”的喊声，鲁西西仔细一看，桌面上有块木纹像张小女孩的脸。小女孩教她静坐 10 分钟就可进入另一世界。鲁西西就进入了另一个世界，幻想也由此展开。

4. 药水法

制造某种具有特殊功能的药水，然后让一人物饮用，自然产生奇妙的童话效果。这也是描写幻想的一种现代方法。

5. 道具法

借助一些具有神奇魔力的“小道具”为核心来演绎故事。

学习笔记

任务四　幼儿童话教学

▲ 任务描述

幼儿童话教学活动是幼儿园常见的一种语言教育活动类型，旨在通过幼儿童话的学习，发展幼儿的语言表达能力和想象能力。本次学习任务以情境“《桃树下的小白兔》的教学活动”入手，掌握幼儿童话教学活动的一般流程和方式方法，从而锻炼幼儿童话教学活动设计和组织能力。

《桃树下的小白兔》课件

▲ 学习目标

- 掌握幼儿童话教学活动设计的基本结构。
- 掌握幼儿童话教学活动的常用方法。
- 能够设计与组织幼儿童话教学活动。

【情境导入】

如果要将“案例先导”的《桃树下的小白兔》教给大班的幼儿，该如何设计与组织教学活动呢?

【思考答疑】

1. 对提供的幼儿童话故事材料《桃树下的小白兔》进行鉴赏，尝试撰写作品分析，并谈谈对幼儿的教育价值。

作 品 分 析	教 育 价 值

2. 观看视频，撰写教师执教的活动的流程和教学方法。

活 动 流 程	教 学 方 法
环节一	
环节二	
环节三 ……	

【实践演练】

1. 请以小组为单位，根据提供的材料，进行教学活动设计和模拟教学。

活动材料：①《桃树下的小白兔》教学课件；②桃树、小兔、老山羊、小猫、小松鼠、小鸡、金龟子、小蚂蚁头饰；③信、桃花花瓣。

《桃树下的小白兔》课堂实录

组别：	成员：	评分：
活动目标：1. 2. 3.		
活动准备：		
活动过程：		
活动延伸：		

【反思评价】

1. 你在幼儿童话教学活动任务中有哪些收获与困难？

2. 请你对本次任务进行评价。

评价内容	自　评
课堂活动参与度	☆☆☆☆☆
小组活动贡献度	☆☆☆☆☆
学习内容接受度	☆☆☆☆☆

【学习支持】

幼儿童话教学活动设计的基本结构

第一层次：谈话或创设情境，激发兴趣导入。

时间不宜过长。包括言语创设、用直观教具创设、游戏创设等。对不同年龄班的幼儿应有所区别。小班：言语结合图片、头饰、幻灯片、直观教具等。中、大班：提问等。

第二层次：了解童话故事内容，初步感知。

（1）教师通过组织讨论、欣赏视频等合适途径引导幼儿了解完整的童话故事。

教师可以根据实际情况让幼儿复述童话故事。教师让幼儿复述故事时不能急于求成，要让他们在多次重复且已牢固掌握了内容后再进行。教师要采取多种教学方式，以增加儿童的兴趣。可以先提出一些小问题，在此基础上再让幼儿理解童话故事的内容。在进行总结时，教师需要再完整地讲述一遍童话故事，让幼儿对童话故事有一个整体感知。最后要鼓励幼儿分享这个有趣的故事。复述也可以像做游戏一样，一句接一句、一段接一段地讲下去。多次练习后，幼儿对童话故事内容就会有更深刻的印象了。

（2）使用教具复述故事。

教师根据故事的内容制作与故事有关的人物、背景等教具，可画成图片，也可做成绒布教具、幻灯片、木偶、立体画册等。教师在复述故事的过程中，一边讲解一边演示，使幼儿能具体地看到故事中的环境、角色和情节，以此加深对故事的理解与记忆。

第三层次：表演童话故事。

表演童话故事尽量让全班幼儿共同参加。表演时，可以听教师讲完一段故事，让幼儿上场表演相应动作。当表演结束时，表演者做出造型，然后开始下一段。在这一游戏中，每个幼儿都扮演一定的角色，没有台上或台下的感觉，都能够比较放松地进入角色。表演故事后的小组讨论和分享可以促进幼儿的积极表达，使幼儿养成良好的谈话习惯。针对中大班的幼儿，教师在集体评价时可以组织他们以单个或小组的形式到同伴面前陈述自己的游戏经验。这样，既锻炼了表达能力，又学会了补充他人谈话的技能，甚至还能与同伴、教师进行一问一答，提高传递和理解信息的能力。

课后提升

1. 在幼儿园实习期间将创作的幼儿童话故事讲给幼儿听，录制视频。
2. 开展一节幼儿童话教学活动，并撰写活动方案。

考核评价

评价阶段	评价内容	佐证	教师评价	学生自评	学生互评	平台评测	是否达标（达标√未达标 ×）
课前自学	“学堂在线”完成度	平台数据					
	自学自测	是否完成测试题					
课中实训	幼儿童话鉴赏	作品分析					
	幼儿童话改编	改编作品					
	幼儿童话创作	创作作品					
	幼儿童话教学	教学方案撰写及模拟教学情况					
课后提升	课后作业	完成课后作业					

拓展资源

好书推荐：安徒生 . 安徒生童话全集 [M]. 叶君健，译 . 长沙：湖南少年儿童出版社，2021.

学习笔记

项目五　幼儿生活故事鉴赏与实践

【项目概述】

幼儿生活故事，是以幼儿生活为主要表现对象并适合幼儿听读欣赏的故事类作品的总称，许多幼儿生活故事可以称为“教育故事”，是幼儿成长道路上必不可少的精神食粮。本项目重点学习幼儿生活故事的概念、类型和特点，并进行幼儿生活故事鉴赏、幼儿生活故事创作、幼儿故事讲述以及幼儿故事教学活动设计。

项目五　学习导航

【学习目标】

知识目标：

1. 掌握幼儿生活故事的概念、类型和特点。
2. 掌握幼儿故事创作的基本要求和方法。

能力目标：

1. 能进行幼儿故事的创作与表演。
2. 能结合作品分析鉴赏、讲述幼儿故事。
3. 能够撰写幼儿生活故事的教学活动设计方案并开展教学活动。

素质目标：

1. 感受幼儿故事的魅力，提高文学修养，增强文化自信。
2. 树立正确的职业理念，科学的儿童观、教育观，仁爱之心。
3. 美好品质：创新思维、自学能力、思辨能力。

案例先导

最漂亮的帽子

钟　锐

“我的帽子最漂亮……”

“不，我的帽子才最漂亮呢……”

公园里的草地上，壮壮正在和几个小伙伴“争吵”呢。他们都说自己的帽子是最漂亮的。

吵着吵着，壮壮不高兴了，不和伙伴们玩了，一个人跑进了旁边的树林里。

“吱吱吱——”一阵急促的叫声传了过来。

壮壮急忙跑过去。啊，两只鸟儿从大树上掉到了地上。这是两只还不能飞的小鸟呀，全身皱巴巴的，羽毛还没有长齐。而它们的家，大树上的那个鸟窝也掉到地上摔坏了。

看见壮壮跑过来，两只小鸟吓坏了，叫得更厉害了。

“不要怕，我是来帮助你们的。”壮壮连忙说道。

两只小鸟似乎听懂了他的话，马上就不叫了。

现在怎么办呢？壮壮皱起了眉头。不过他马上就有办法了。他取下帽子，把两只小鸟小心翼翼地放到帽子里面。可是，眼前的这棵大树太高了，壮壮根本爬不上去。他不禁又犯愁了。

“啊，对了，我可以找别人来帮忙呀！”想到这里，壮壮把帽子放在地上，从树林里跑了出来。

一位叔叔正好从旁边经过。

“叔叔，有两只小鸟从树上掉了下来，你可以帮我把它们送到树上去吗？”壮壮跑上前，央求着说道。

“好呀！”叔叔爽快地答应了，和壮壮跑进树林。

看见地上的帽子和帽子里面的小鸟，叔叔笑了，“小朋友，你做得真不错，不过这是一顶很漂亮的新帽子，你舍得吗？”

“叔叔，我没帽子没关系，可这两只小鸟不能没有家呀。”壮壮连忙说道。

叔叔赞赏地点了点头，拿起帽子，爬上了大树。不一会儿，他就把帽子稳稳当当地放在上面的枝杈上。然后，他从树上爬了下来。

“吱吱吱——”两只小鸟有了新家，高兴地叫了起来。

“壮壮，壮壮——”这时，几个小伙伴跑了过来。看见树上的“帽子鸟窝”，他们哇哇地叫了起来。

“壮壮，你好厉害呀，你的帽子竟然变成了鸟窝！”

“是呀，壮壮，没想到你的帽子这么漂亮，做成的鸟窝简直棒极了……”

壮壮却脸红了，连忙摇着手说，“没有啦，我的帽子一般般，一点也不漂亮！”

听他这么说，叔叔笑了，小伙伴们也笑了。

（资料来源：钟锐 . 365 夜睡前故事 [M]. 南京：江苏科学技术出版社，2018.）

思考：

1. 读一读，并说一说读完这个幼儿故事有什么感受。

2. 搜集一个幼儿生活故事并赏析。

课前自学

一、幼儿生活故事概述

（一）幼儿故事的概念

幼儿的心灵是最稚嫩的，对美的感受也是最敏感的。幼儿故事就是塑造美、传输美的极好媒介。幼儿处于启蒙阶段的关键时期，这一时期对幼儿的教育启发将直接影响着其道德品质的形成与发展。故事能够有效吸引幼儿的注意力，激发幼儿的学习积极性。同时，生动有趣的故事可以促进幼儿语言能力的发展。

幼儿故事是适合幼儿聆听或阅读的故事，情节简单生动、语言明白浅显。幼儿故事的概念有广义和狭义之分。广义的幼儿故事包括神话、传说、童话、生活故事等。狭义的幼儿故事指幼儿生活故事，是以幼儿生活为主要表现对象的故事。

（二）幼儿生活故事的内涵

幼儿生活故事，是以幼儿生活为主要表现对象并适合幼儿听读欣赏的故事类作品的总称。这里的“幼儿生活”，不仅指幼儿的日常生活现实，也包括幼儿感兴趣的其他年龄层人们的生活，如学龄初期儿童的生活。

幼儿生活故事的题材内容主要涉及以下两个方面。

1. 生活教育：传递生活和成长的知识

教育性是幼儿生活故事在内容上的一个特点，许多幼儿生活故事可以称为“教育故事”，这些故事有明显的对幼儿进行生活教育的意图，向幼儿传递着有关生活和成长方方面面的知识。

2. 生活情趣：表现幼儿的生活及其情趣

有的幼儿生活故事描述的是幼儿的生活现实，表现的是幼儿日常生活中常见的事件及其相关事物和情感体验，同时表现出幼儿生活的情趣。

幼儿生活故事与童话的最大不同在于，童话以幻想性的虚构题材为主要内容，幼儿生活故事取材于学龄前儿童家庭和幼儿园内外的生活，反映的是幼儿的真实生活状态。幼儿正处于人生观、价值观建立的重要时期，好的幼儿生活故事可以更直接地引导幼儿关注自己，正确认识自己，以故事映照现实促进幼儿的健康成长。

（三）幼儿生活故事的类型

幼儿生活故事的素材可以取自幼儿的家庭生活、幼儿园生活以及相关的社会生活，主要表现幼儿在生活世界中与成人、同伴以及玩物、自然等的关系。

（1）按照生活世界来区分，幼儿生活故事分为家庭生活故事、幼儿园生活故事、社会生活故事。

（2）按照故事中的角色关系来区分，幼儿生活故事分为同伴生活故事、幼儿与成人的故事、幼儿与心爱之物的故事。

二、幼儿生活故事的特点

（一）强烈的现实性、针对性

幼儿生活故事主要是表现幼儿自己的生活，是幼儿生活的真实写照。幼儿生活故事大多取材于学龄前儿童家庭和幼儿园内外的生活，使幼儿产生真实感和亲切感，能够比较直接地引导幼儿对照自己的思想行为，认识和思考自己的生活。

（二）情节单纯而生动

由于幼儿的注意力容易分散和转移，平淡无味的故事情节很难把他们带进作品的情境中，因此幼儿生活故事要求情节生动曲折，要有悬念、有波澜、精心组织结构，还要写活人物和细节，才能吸引幼儿，牵动他们的心。但是幼儿的逻辑思维能力不强，生活经验不足，因而情节不能复杂。

（三）浓郁的幼儿生活情趣

幼儿生活故事的趣味性从何而来？

（1）来自幼儿充满情趣的生活。在这类故事中，着重表现的是幼儿天真的想象、稚气的思考和他们特有的行为动作。

（2）来自对幼儿情趣的生活细节的逼真描写。

（3）来自幽默风趣的叙述语言。追求快乐是幼儿的天性，他们爱笑，爱听笑话，故事作品有无趣味，和语言是否生动、幽默、风趣有很大的关系。

学习笔记

自学自测

一、单项选择题

1. 幼儿生活故事，是以（　　）生活为主要表现对象并适合其听读欣赏的故事。

A. 幼儿　　B. 成人　　C. 老人　　D. 少年

2. 幼儿生活故事的语言（　　）。

A. 华丽　　B. 复杂　　C. 浅显　　D. 深奥

3. 幼儿生活故事取材于（　　）。

A. 民间传说　　B. 戏剧　　C. 电影　　D. 现实生活

4. 下列不属于幼儿生活故事按照生活世界区分的类型的是（　　）。

A. 家庭生活故事　　B. 幼儿园生活故事

C. 社会生活故事　　D. 同伴生活故事

5. 下列不属于幼儿生活故事的趣味性的来源的是（　　）。

A. 来自幼儿充满情趣的生活

B. 来自童年的幻想

C. 来自对幼儿情趣的生活细节的逼真描写

D. 幽默风趣的叙述语言

二、思考题

幼儿生活故事与童话的不同点有哪些？

课中实训

任务一　幼儿生活故事鉴赏

▲ 任务描述

幼儿生活故事鉴赏是幼儿园教师必备文学素养之一。本次学习任务以幼儿生活故事鉴赏入手，感受幼儿生活故事的魅力，掌握幼儿生活故事鉴赏的方式方法。

▲ 学习目标

- 掌握幼儿生活故事的特点。
- 能够从语言、内容、教育性等方面进行幼儿生活故事鉴赏。
- 提高文学鉴赏能力。

【情境导入】

小一班的小朋友们聚精会神地注视着王老师。王老师正在绘声绘色地给小朋友们讲故事呢，故事的名字叫《为什么要说“谢谢”》。

两个人，一个老爷爷和一个男孩，在树林里的小路上走着。天很热，真想喝上几口水解解渴。

过了一会儿，两个人走到小溪边。清凉的溪水轻轻地流淌着。他们弯下了腰，喝了个痛快。

“谢谢你，小溪！”老爷爷说。

小男孩笑了起来。

“你干吗对小溪说‘谢谢’呢？”他问老爷爷，“谁不知道小溪不是人，听不到您的话，不懂您对它的感谢。”

“是这么回事。要是一头狼来喝了水，它是不会说谢谢的，可我们不是狼，我们是人。你知道吗？为什么人要说‘谢谢’？想想去吧，谁需要这声‘谢谢’？”

小男孩在想着。他要想的事情还有很多很多，他前面的路还很长很长。

（资料来源：瓦·阿·苏霍姆林斯基. 韦苇，译. 为什么要说“谢谢”[J]. 学苑创造（1～2 年级阅读）. 2012，21.）

【思考答疑】

1. 这个故事赞赏的是哪种行为习惯？

2. 如果你是王老师，你会对小朋友提出什么样的问题帮助他们理解故事主题？

【实践演练】

请从内容、语言、情节设计、教育性等方面对《为什么要说“谢谢”》这篇幼儿生活故事进行鉴赏。

《为什么要说“谢谢”》幼儿生活故事鉴赏

【反思评价】

1. 你觉得引领幼儿鉴赏生活故事时，需要注意哪些问题?

2. 请你对本次任务进行评价。

评 价 内 容	自　评
课堂活动参与度	☆☆☆☆☆
小组活动贡献度	☆☆☆☆☆
学习内容接受度	☆☆☆☆☆

【学习支持】

引导幼儿对生活故事的鉴赏，需要注意两个方面。

（一）考虑幼儿的理解水平和经验

选择幼儿生活故事时，要顾及认知的特点，符合幼儿的理解水平和经验。引领幼儿鉴赏故事时，不要简单地否定儿童的回答，而是尽量鼓励儿童表达自己的观点。选择生活故事时，也要考虑幼儿所处年龄阶段具有的兴趣和情绪特点。另外，还要考虑到，幼儿注意力的稳定性存在明显的年龄差异，3 岁的幼儿能够集中注意力 3 ～ 5 分钟，4 岁为 10 分钟，5 ～ 6 岁为 20 分钟，鉴赏故事时，应设法使活动的方式与内容适合幼儿的生理特点，在可能的情况下增强活动的趣味性，以减少幼儿的疲劳。

（二）作品内容积极向上

选择的故事不仅仅是一些能够让孩子开心的，也可以选择一些体现孩子善良、友爱、文明等优秀品德的，例如《张老师的脸肿了》（朱庆坪）。同时，找一些幽默搞笑的小故事给孩子们，也可以让孩子从小学会在生活中发现乐趣，避免产生压抑感。总之，最适合孩子的就是能够激发孩子的上进心、开发他们的创造力和想象力的故事。

好的幼儿生活故事不是生活的流水账，过于追求真实和客观，很容易限制孩子的想象力，从而令孩子变得过于较真和呆板。

一些充满恐怖、邪恶或者其他能引发孩子恐惧的故事，也不适合孩子，因为这些过于压抑黑暗或暴力的故事有可能会给孩子造成童年阴影。

学习笔记

任务二　幼儿生活故事创作

▲ **任务描述**

幼儿生活故事创作是极富意义又具有挑战性的技能。本次学习任务从“两个好朋友在幼儿园发生的故事”入手，尝试幼儿生活故事的创作，从而训练和掌握幼儿生活故事的创作方法。

▲ **学习目标**

- 掌握幼儿生活故事的创作原则与方法。
- 能够根据不同情境创作幼儿生活故事。
- 激发创新思维，具有创作意识。

【情境导入】

新的大班下学期，幼儿园的小朋友丁丁和点点的生活也发生了一些变化。受到即将毕业分别的影响，这一对平时最好的朋友之间会发生什么故事呢?

【思考答疑】

1. 展开想象的翅膀，想象一下丁丁和点点平时的友情如何，会有哪些语言和动作?

2. 即将毕业分别，丁丁和点点平时的友情如何，会有哪些语言和动作的变化?

【实践演练】

1. 请把幼儿生活故事补充完整。

丁丁和点点是最好的朋友……

2. 以小组为单位，从“文明”“友爱”“诚信”中自选一个词作为故事主旨进行幼儿生活故事创作，并交流分享。

【反思评价】

1. 你认为幼儿生活故事的创作中，最需要注意的是什么？

2. 请你对本次任务进行评价。

评价内容	自　评
课堂活动参与度	☆☆☆☆☆
小组活动贡献度	☆☆☆☆☆
学习内容接受度	☆☆☆☆☆

【学习支持】

时间、地点、人物、经过和结果，是不可缺少的五个方面，是对一个故事的基本要求。

幼儿生活故事的基本创作步骤如下。

第一步，确立故事的主旨。幼儿生活故事一定要紧紧围绕幼儿的生活行为，尤其是某些问题行为展开，只有这样的生活故事才更有价值。另外，在创作幼儿生活故事时，要充分挖掘幼儿的行为亮点，并有意识地将亮点放大，从而使幼儿产生认同感。从这个角度来说，生活故事是一种教育载体。

第二步，找一个要写的对象。生活中的素材，往往人与事是联结在一起的，但是创作故事时，就侧重在人，“人”在做什么事。故事好不好，不单单取决于情节是否动人，还依赖于人物是否有趣。

第三步，起一个精彩的标题。比如，“蓝色的树叶”“听鱼说话”等。

第四步，写故事开头。万事开头难，头开得好，往下就好写了。开头最好开门见山，因为故事的篇幅短，入题要简洁明快，才能够迅速引起关注。

第五步，写事件过程和结尾。幼儿生活故事必须完整，呈现事件的发生、发展和结尾，才符合幼儿的心理期待。

幼儿正处于人生价值观建立的关键时期，故事作为教育活动的载体，不仅隐含着丰富的价值观教育内容，而且其直观性、趣味性的特点也符合幼儿的心理认知规律，可使幼儿在潜移默化中受其价值观导向的影响，同时，故事的延展性也可使教育活动形式呈现多样化的特点，且都可具备实践性与可操作性的特点，为幼儿内化价值观提供了可能。

故事可以塑造幼儿的道德理性，丰富幼儿的道德情感，提升幼儿的道德品质。故事中的人物、情节及以故事承载的道德传统，都可以有效引导幼儿确立正确的价值观。因此，创作幼儿生活故事虽有一定难度，却是极有意义的工作。

3～6岁幼儿社会主义核心价值观启蒙教育目标体系

学习笔记

任务三　幼儿故事讲述

▲ 任务描述

幼儿故事讲述是幼儿园教师必备的职业能力之一。本次学习任务从讲述故事《勇敢的小老鼠》入手，进行故事讲述实训，从而掌握故事讲述的口语化、感情化、节奏化。

▲ 学习目标

- 掌握幼儿故事讲述的注意事项。
- 掌握幼儿故事讲述口语化的注意事项。
- 对幼儿故事进行口语化改编并进行讲述练习。

【情境导入】

勇敢的小老鼠

在森林里的红草莓村，小动物们愉快地生活着。

有一天，来了一个怪物，它的样子可怕极了。

怪物进了村，说："我叫山大王，是专门来吃小动物的，每天吃一个。"

狮子大王气极了，它扑向山大王，用牙齿使劲儿咬它。

山大王说："哈哈，咬吧，咬吧，一点儿也不疼。"

大象用鼻子卷起一块大石头，狠狠地砸山大王。

山大王说："哈哈，砸吧，砸吧，一点儿也不疼。"

斑马冲过去，用脚狠狠地踢山大王。

山大王说："哈哈，踢吧，踢吧，一点儿也不疼。"

黑熊冲过去用劲抓山大王。

山大王说："哈哈，抓吧，抓吧，一点儿也不疼。"

山大王说："我是不怕痛的，所以你们谁也打不过我。我要把你们都吃掉。"

所有的动物吓得都开始逃了。

这时候，小老鼠出现了。它说："我来对付山大王！"

小老鼠拿着一根狗尾巴草向山大王冲过去。山大王一看，乐了："哈哈，你这么个小东西还想跟我斗？"小老鼠冲过去，用狗尾巴草挠山大王的痒痒。

山大王痒得在地上直打滚："痒死啦，痒死啦，饶了我吧！"

最后，山大王只好逃走了。

大家都说："小老鼠，你的本事真大呀！"

小老鼠说："没什么，我只是知道山大王虽然不怕痛，但是它怕痒。"

《勇敢的小老鼠》故事口语化改编

后来，山大王只要一看到小老鼠，就吓得赶紧逃。

从此以后，山大王再也不敢吃小动物了，它只好吃树叶。

（资料来源：腾翔．让孩子聪明伶俐的快乐故事［M］．北京：中国电影出版社，2013.）

【思考答疑】

1. 讲述幼儿故事时，需要进行哪些方面的加工？

2. 对幼儿故事进行口语化改编时，需要注意哪些问题？

【实践演练】

1. 以小组为单位，自选故事材料，模拟幼儿教师资格证讲故事活动。每小组 6 ～ 8 人，分角色扮演考官、计时员、选手。

幼儿故事讲述

要求：

（1）选手抽到故事后有 10 分钟准备时间，然后进入模拟比赛场地开始讲故事，3 分钟内讲完，在 2 分 30 秒时，计时员提醒选手还有 30 秒。

（2）故事讲述结束后进行点评。

2. 说说幼儿故事讲述的感受和注意事项。

感受	注意事项

【反思评价】

1. 你觉得幼儿故事讲述有哪些价值?

2. 请你对本次任务进行评价。

评 价 内 容	自 评
课堂活动参与度	☆☆☆☆☆
小组活动贡献度	☆☆☆☆☆
学习内容接受度	☆☆☆☆☆

【学习支持】

(一)故事讲述前,进行口语化修改

幼儿故事一般都能体现故事口语化的特点,但总体而言,幼儿故事基本上是供阅读使用的,并不是专门提供给讲故事者的讲稿。在实际讲述时,我们就会发现,很多幼儿故事并不适合讲述,这就需要我们进行幼儿故事的口语化修改,包括以下两方面。

1. 变书面语为口语

由于多数幼儿故事主要用来阅读,难免词句过于书面化,进行故事讲述时,如果原样照搬,不利于幼儿听众理解。所以,要对故事中的书面语言进行修改。例如,原句为“有只猫生活在城里,它熟悉城里的一切。”可改成“有只猫住在城里,城里的什么事它都知道。”这样就更利于幼儿的理解。

2. 变长句为短句

幼儿由于其生理、心理局限,更适合听简短的句子。如果故事讲述者讲述的句子过长,可能会导致幼儿听不懂。

(二)故事讲述时,注意口语和体态语的运用

1.“表”“白”分明

(表)叙述语言:人物语言之外的叙述性语言,主要交代故事的基本要素。在讲述时,声音自然平稳,又要随情节起伏变化,体现对故事中人物和事件的态度。

(白)角色语言:故事中的人物语言,有“角色感”,讲述时,通过运用不同的音色、音调、语气等各种语音技巧表现角色。

如何做到“表”“白”分明呢?

(1)针对整体,把握整个故事的结构和层次,确定讲述的语势与重点。

(2)针对角色形象,塑造个性化的声音形象;故事角色语言“白”的基本表现要求是,声音形象,具有个性。

个性化的声音形象源于故事角色的个性,因此塑造个性化的声音形象可以分两步完成:第一步,明确故事中角色形象的个性;第二步,根据个性确定角色形象的声音

形态。

（3）针对故事的每一个情境，根据特定语境确定具体内容的讲述技巧。表现每一个特定的语句，要根据语境也就是上下文来把握语句所蕴含的情感与态度，然后以恰当的语调加以表现。

2. 适当运用特殊语言

特殊语言，是指表意的功能性发声，如笑声、哭声、叹息声等。在运用语气语调等讲述技巧表现故事的基础上，适当运用特殊语言可以丰富故事讲述的声音色彩。

3. 恰当运用体态语

体态语，主要指眼神、面部表情、手势、身体动作等具有一定表现力的身体形态，是一种辅助性语言，主要包括目光语、表情语、手势语和身姿语等。

体态语运用的基本要求：应自然灵活、生动夸张。需要注意：①形体的变化要与想象和感觉联系起来；②体态语与有声语言应协调；③体态语不是越多越好。

另外，在幼儿故事讲述中，有时还会运用道具、音乐等一起来表现故事，这些辅助性媒介的使用原则是，锦上添花则用之，平淡无奇则罢了。关键是，心中有幼儿，眼前有幼儿。

学习笔记

任务四　幼儿故事教学

▲ 任务描述

幼儿故事教学活动是幼儿园常见的一种语言教育活动类型，旨在通过幼儿故事的学习，提高幼儿的语言表达能力。本次学习任务以《最漂亮的帽子》的教学活动入手，掌握幼儿故事教学活动的一般流程和方式方法，从而锻炼幼儿教学活动设计和组织能力。

▲ 学习目标

- 掌握幼儿故事教学活动设计的基本结构。
- 掌握幼儿故事教学活动的常用方法。
- 能够设计与组织幼儿故事教学活动。

【情境导入】

如果将“案例先导”的《最漂亮的帽子》教给大班的幼儿，该如何设计与组织呢?

【思考答疑】

1. 对提供的幼儿故事材料《最漂亮的帽子》进行鉴赏，尝试撰写作品分析，并谈谈对幼儿的教育价值。

作品分析	教育价值

2. 撰写教师执教的活动的流程和教学方法。

活 动 流 程	教 学 方 法
环节一 环节二 环节三 ……	

【实践演练】

请以小组为单位，根据提供的材料，设计教学活动，进行模拟教学。

活动材料：①《最漂亮的帽子》教学课件；②帽子、小鸟、大树等头饰或道具。

组别：	成员：	评分：
活动目标：1. 2. 3.		
活动准备：		
活动过程：		
活动延伸：		

【反思评价】

1. 你在幼儿故事教学活动任务中有哪些收获与困难?

2. 请你对本次任务进行评价。

评价内容	自评
课堂活动参与度	☆☆☆☆☆
小组活动贡献度	☆☆☆☆☆
学习内容接受度	☆☆☆☆☆

【学习支持】

幼儿故事教学活动设计的基本结构

第一层次：谈话或创设情境导入幼儿故事，激发兴趣。

时间不宜过长，包括言语创设、用直观教具创设、游戏创设等。对不同年龄班的幼儿来讲应有所区别。小班：言语结合图片、幻灯片、直观教具等。中、大班：提问等。

课堂教学《拔萝卜》

第二层次：初次欣赏，感受意境。

教师有感情地讲述故事，引导幼儿初步了解故事的主要内容。

教师可以适时提出问题。

第三层次：分段欣赏，学习内容。

根据每一段的内容提出相应的问题。

第四层次：情感提升，结束活动。

学习笔记

课后提升

一、幼儿生活故事创作

创作一篇以“友爱”为主题的幼儿生活故事。

二、幼儿故事教学实践

在幼儿园实习期间开展一节幼儿故事教学活动，并撰写活动方案。

考核评价

评价阶段	评价内容	佐证	教师评价	学生自评	学生互评	平台评测	是否达标（达标√ 未达标 ×）
课前自学	“学堂在线”完成度	平台数据					
	自学自测	是否完成测试题					
课中实训	幼儿生活故事鉴赏	作品分析					
	幼儿生活故事创作	创作作品					
	幼儿故事讲述	讲故事					
	幼儿故事教学	教学方案撰写及模拟教学情况					
课后提升	课后作业	完成课后作业					

拓展资源

好书推荐：买艳霞．幼儿教师故事讲述训练 [M]. 上海：华东师范大学出版社，2015.

学习笔记

项目六　幼儿绘本鉴赏与实践

【任务描述】

绘本是指为儿童创作的图文结合的故事书，通过丰富多彩的图画与简短的文字共同叙述一个完整的故事，并且通常蕴含着浅显易懂的人生道理，深受幼儿的喜爱，是幼儿成长的精神食粮。

项目六学习导航

本项目重点了解绘本的概念与类型，学习绘本的图文、叙事节拍及基本特点，并在此基础上学习绘本鉴赏、绘本创作以及开展绘本教学活动。

【学习目标】

知识目标：

1. 了解绘本的起源和历史发展。
2. 理解绘本的图文关系、特点和形式类型。
3. 掌握绘本鉴赏的基本要求。

能力目标：

1. 能进行绘本创作，掌握绘本创作的基本要素。
2. 能结合作品分析鉴赏优秀绘本。
3. 能够撰写绘本教学活动设计方案并开展教学活动。

素质目标：

1. 感受绘本的魅力，提高文学修养，增强文化自信。
2. 树立正确的职业理念，科学的儿童观、教育观，仁爱之心。
3. 美好品质：创新思维、鉴赏能力、思辨能力。

案例先导

团圆（节选）

爸爸在外面盖大房子。他每年只回家一次，那就是过年。今天，妈妈和我都起得特别早，因为——

爸爸回家了。

我远远地看着他，不肯走近。爸爸走过来，一把抱起我，用胡子扎我的脸。“妈妈……”我吓得大哭起来。“看我给你买了什么！”爸爸赶紧掏他的大箱子——哇，好漂亮的帽子！妈妈也换上了爸爸买的新棉袄。

吃过中饭，爸爸对我说：“走，剪头去。剪了头，明年就会顺顺当当的。”我坐在椅子上等爸爸。呀，镜子里的爸爸越来越像以前的爸爸了！

包汤圆喽！爸爸把一枚硬币包进汤圆里："谁吃到它，谁就会交好运噢！"这天夜里，爆竹"噼噼啪啪"地响个不停。我依偎在爸爸妈妈中间睡着了，迷迷糊糊地，我听见爸爸妈妈在轻轻地说着话，他们说啊说啊……

传统文化绘本——《团圆》

（资料来源：余丽琼，朱成梁. 团圆 [M]. 济南：明天出版社，2008.）

思考：

1. 读一读，说一说这本绘本讲了一个什么样的故事？
2. 请结合本绘本，谈谈绘本阅读对幼儿的价值。

课前自学

一、绘本的概念与类型

绘本起源于西方，它的概念至今也并未有统一的定论。绘本一词源自日文的习惯，翻译为英文是 picture book，在我国台湾地区人们常使用图画书一词来代表绘本，绘本顾名思义就是"画出来的书"，指一类以绘画为主，并附有少量文字的书籍。

绘本不是简单的"有画的书"，它是一种独立的图书形式，特别强调文与图的内在关系，图画不是文字的附庸，而是图文合奏，通过图画与文字共同叙述一个完整的故事，是两种媒介在两个不同层面上的交织。

最早带插图的绘本可以追溯到 17 世纪。1658 年，捷克教育家扬 · 阿姆司 · 夸美纽斯出版的《世界图绘》被公认为欧洲插图儿童书的雏形。17 世纪至 18 世纪，随着雕版技术的普及，欧洲出现了带大量插图的儿童书。不过，当时的插图都是黑白的木刻版画。20 世纪初期，英国出现了以比阿特丽克斯 · 波特为代表的绘本画家。到了 30 年代，绘本的主流渐渐地移向了美国，婉达 · 盖格、路德维格 · 贝梅尔曼斯等一批天才的移民画家纷纷在绘本的舞台上崭露头角，绘本终于迎来了它的黄金时代。

通常来说，绘本可分为桥梁书、认知图画书、字母书、数数书、综合认知书、玩具书、歌谣书。或者是分成成人绘本和儿童绘本。也有人将其分成电子绘本、立体绘本、有声绘本等。

二、绘本的图文关系

图画与文字是传递绘本主流内容与思想的两大本质。从文学视域的宏观层面来看，绘本中的文字与图画是互补的关系，缺一不可，具有交互性，文字可以讲故事，同时图画也可以用来讲故事。从图文组合的微观层面看，图文关系又可分为图文同步、图文对位和图文错位等几种情况。

（一）图文同步

图文同步是指图画书与文字同时进行，共同传达故事，文字对图画进行描述、解释和渲染，文本靠图画来说明，画面增强文本的内容。

（二）图文对立

图文对立是指图画与文字分别独立、平行叙事，文字不是具体地补充说明图画，图画与文字没有关系，简单点说就是文字与图画表述的是两个不同的故事。

（三）图文错位

图文错位是指图画书中文字与图画的关系不是同步的解说补充，而是文字与图画的匹配会存在一定的时间差，文字在图画之后解说，或文字在图画之前解说。

三、绘本的主题和叙事节拍

（一）绘本的主题

儿童绘本的主题大概分为以下几大类：一是培养阅读兴趣——让孩子喜欢阅读，有助于阅读习惯的培养；二是成长励志——让孩子学会独立、坚强、认识自我、敢于挑战；三是哲学启蒙——小故事大道理，帮助孩子掌握哲学知识；四是生命教育——学会爱与被爱、感恩、分享；五是价值观培养——学会尊重、信任、乐观、担当，培养恒心。

（二）图画书的叙事节拍

叙事节奏是儿童绘本中重要的艺术细节，图画故事的叙事有一定的节奏。以角色、场景、道具等为对象，其所占图画篇数的多少，就形成几拍。如绘本中每幅图换一个新动物，那每个动物就占 1 幅图，就是 1 拍；每个动物占 2 幅图，就是 2 拍。但超过 4 拍的罕见，这与图画书有限的总体篇幅有关。绘本的节奏主要包括以下几种。

（1）一拍节奏，即整个绘本每一页图画都阐述着不同的故事，语言文字也没有重复，完整地表述一个故事。例如，绘本《棕色的熊，棕色的熊，你在看什么？》（比尔 · 马丁 / 文，艾瑞 · 卡尔 / 图）中，每幅图出现一个新动物，可以看成使用了 1 拍。需要说明的是，节拍主要是针对中间的叙事来说的，许多绘本会部分地使用 1 拍节奏。

（2）二拍节奏，即每两个画面一重复，连文字都是差不多一样的。例如绘本《好饿的小蛇》中，整个绘本的语言围绕着：“它发现了 × ×，你猜猜，好饿的小蛇会怎么样”，从苹果变成香蕉，两个画面一重复，构成了 2 拍节奏。

（3）三拍节奏，是绘本中最常使用节奏类型，即每三幅图重复一次。例如，在秋山匡的图画书《绵羊面包》和《绵羊面包又来了》中，使用的是 3 拍的叙事节拍。前幅图是揉面，中间幅图是放进炉子里烤，后幅图是烤好了有动物来买，全本书是 12 幅图，共 4 种面包，每 3 拍一叙事。

（4）四拍节奏，即每四幅图重复一次，例如，绘本《有个老婆婆吞了一只苍蝇》使用的是 4 拍，每种动物占 4 幅单页图。第 1 幅图是动物，第 2 幅图是要吞到肚子里（挖了洞），第 3 幅图是吞到了肚子里（洞和动物一样的形状大小），第 4 幅图是动物们的议论，后续情节中进行 7 种动物的重复。

叙事节拍在图画书中的运用，让故事的叙述更加清晰，类似的情节重复出现，是幼儿文学常用的手法。在讲述、欣赏和创作方面来说，有叙事节拍的作品，更容易把握一些。叙事节拍在很多图画书中得以运用，但叙事规律是多样的。

四、绘本故事书的特点

（一）图画的叙事性

绘本的主体是图画，这里的“图”不是插图，也不是与文字相脱离的配图，“图”本身是叙事的。绘本中的图画本身就可以表达完整的故事，光看图也可以明白故事的内容。

（二）文图的完美结合

绘本是一种图文并茂的书籍形式。从文学形态上讲，它是文字和美术的相互配合、相互丰富和相互激发。图不是简单地说明与被说明的关系，而是有机结合的。虽然每本书的图文构成不同，有的绘本文字少，有的文字多，但优秀的绘本，文字都考虑了情节、场景、人物的变化，而图画也具有一种动态感和流畅性，使整个画面看起来和谐、完整。文字主要诉诸听觉，而图画是一种视觉艺术，绘本通过这两种不同的媒介来表现故事内容，并且将两者完美地结合起来。

（三）内容充满趣味

绘本之所以成为流行读物，不仅幼儿喜欢读，成人也喜欢读，这其中很重要的原因就是绘本特有的趣味性。绘本的画面直观生动、幽默风趣，文字优美流畅，常用逆向思维来编织童话故事或生活故事，幼儿和成人都可以在其中找到自己的乐趣。

（四）主题富含哲理

绘本的图画直观形象，文字简洁明快，但主题并不是我们想象的那么简单。绘本并不是随便逗幼儿开心的画册，优秀的绘本可以用简单的画面、简单的文字表达深刻的内涵，可以把很多人生哲理通过有趣的绘画、简练的文字传达给读者。

自学自测

一、单项选择题

1. 在我国台湾地区人们常使用（　　）一词来代表绘本。

A. 儿童画书　　B. 图画书　　C. 图片书　　D. 美术书

2. “绘本”作为儿童文学的体裁名称起源于（　　）的习惯。

A. 汉语　　B. 英语　　C. 德语　　D. 日文

3.（　　）叙事结构是指整个绘本每一页图画都阐述着不同的故事，语言文字也没有重复，完整地表述一个故事。

A. 一拍　　B. 二拍　　C. 三拍　　D. 四拍

4.（　　）是指图画书中文字与图画的关系不是同步的解说补充，而是文字与图画的匹配会存在一定的时间差，文字在图画之后解说，或文字在图画之前解说。

A. 图文并立　　B. 图文对立　　C. 图文同步　　D. 图文错位

二、小试牛刀

（一）画一画

1. 蚂蚁与西瓜

2. 逃家小兔

3. 月光男孩

（二）分享交流

请找出不同叙事节奏的典型绘本，并进行分享。

课中实训

任务一　幼儿绘本鉴赏

▲ 任务描述

绘本鉴赏是幼儿园教师必备文学素养之一。本次学习任务以幼儿园教师绘本欣赏活动入手，结合具体绘本，学习从图文关系、细节、潜在节奏、空间性、比例等方面进行绘本鉴赏，掌握绘本鉴赏的方式方法。

▲ 学习目标

- 掌握绘本的结构。
- 能够从图文关系、节奏、细节等方面进行绘本鉴赏。
- 学习鉴赏经典绘本，提高文学修养，增强文化自信。

【情境导入】

小二班李老师要开展一节绘本鉴赏活动，李老师选择了《母鸡萝丝去散步》这一绘本，并对这部作品进行赏析。

《母鸡萝丝去散步》（改编）

《母鸡萝丝去散步》

母鸡萝丝出门去散步，她走过院子，狐狸紧紧地跟在后面。院子的中央有一只钉耙，狐狸一脚踩在钉耙上，钉耙一下子竖起来，“啪”的一声打在狐狸的脑门上，狐狸被打得头昏眼花。母鸡继续往前走，她绕过池塘，狐狸还是紧紧地跟在后面。突然，狐狸脚下一滑，“扑通”一声，一头栽到池塘里，水花四溅，差点把狐狸淹死。母鸡继续往前走，她越过干草堆，狐狸仍然紧紧地跟在后面。眼看就要靠近母鸡了，它向前一扑，却一下子钻进了干草堆里。母鸡继续往前走，她经过磨坊。面粉袋的绳子缠在了母鸡的脚上，当狐狸经过的时候，面粉袋的口“哗”的一声打开了，面粉洒在了狐狸的身上，压得狐狸动弹不得。母鸡继续往前走，她穿过篱笆。狐狸看见篱笆的缝隙太小，钻不过去，就用力一跳，不偏不倚正好跳到山坡上的小推车上。小推车顺着山坡轱辘轱辘往下滚。母鸡继续往前走，她钻过蜜蜂房。狐狸趴在小推车上，“轰”的一声撞倒了蜜蜂房。蜜蜂房里的蜜蜂“嗡嗡”地纷纷地向狐狸飞去，狐狸撒开四条腿飞快地没命逃走。母鸡按时回到家吃晚饭。

（资料来源：佩特·哈群斯. 母鸡萝丝去散步 [M]. 上海：少年儿童出版社，2017.）

赏析：在图画书《母鸡萝丝去散步》中，采用了二拍的叙事节奏，主要设计了场景耙子、池塘、干草堆、磨坊、篱笆，前幅图是要角色经过，后幅图是踩到或落进去(埋进去)，反复重复。该绘本的文字简洁，画面起到补充作用，主要利用画面的细节告知故事后续，能够引起幼儿的大胆猜测。整本书色彩明亮，别具一格，橘黄、橄榄绿以及朱红被完美和谐地统一在一种偏黄的暖色调之中，让人感到温暖，展示昂扬向上的态度。

【思考答疑】

1. 请你分析上述案例中是从哪些方面赏析绘本的。

2. 绘本鉴赏的目的是什么？

3. 我们还可以从哪些方面鉴赏绘本？

【实践演练】

1. 请从图文关系、绘本类型以及细节等方面对《好饿的毛毛虫》这本故事进行鉴赏。

《好饿的毛毛虫》

《好饿的毛毛虫》绘本鉴赏

2. 请了解全球儿童图画书三大奖项概要，并搜集国际知名权威推荐的绘本书目，了解其绘本内容，并以小组形式进行汇报演示。

【反思评价】

1. 你觉得绘本鉴赏对幼儿教学有什么价值？

2. 请你对本次任务进行评价。

评 价 内 容	自　评
课堂活动参与度	☆☆☆☆☆
小组活动贡献度	☆☆☆☆☆
学习内容接受度	☆☆☆☆☆

【学习支持】

（一）图画书的结构

图画书的结构如图 6-1 所示。

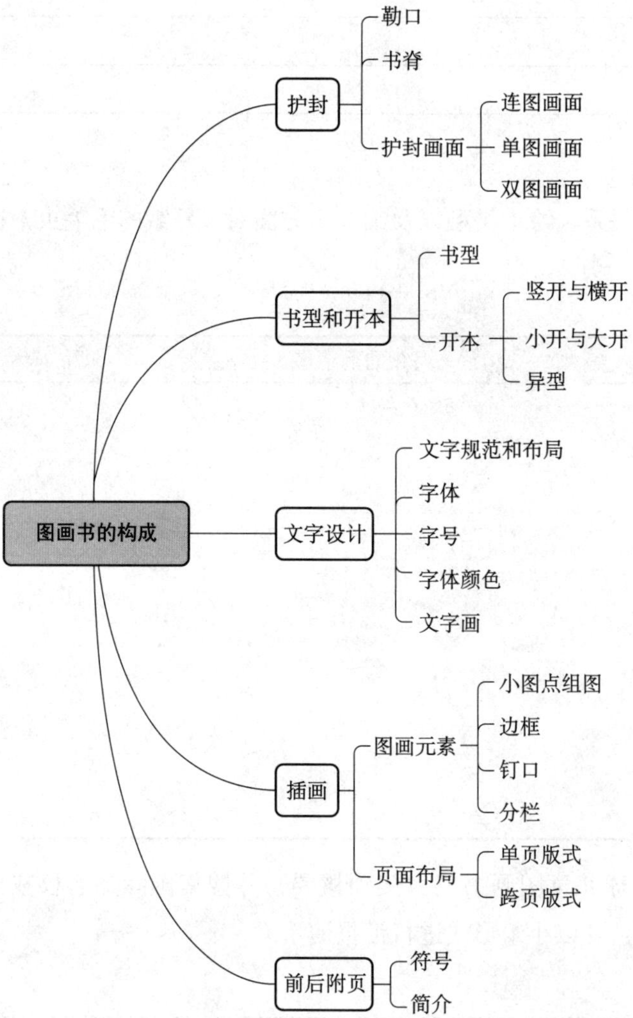

图 6-1　图画书的结构

（二）图文分析的五大步骤

在分析图画书时，第一步看图文创作方式和整体故事结构，可以了解图画书创作的背景和基调。

第二步看图像的叙事完成度，是因为图像叙事是现代图画书的核心。

第三步看整体图文关系，即文字和图像对叙事的动态影响，初步完成图文分析。

第四步看分页的图文关系，发现更多细节。

第五步看特殊的图文设计，思考图画书中设计的巧思。

通过这五步分析，可以从整体和细节梳理图画书的图文关系，从图文关系的角度理解和分析图画书。

（三）绘本研读策略

绘本研读策略如图 6-2 所示。

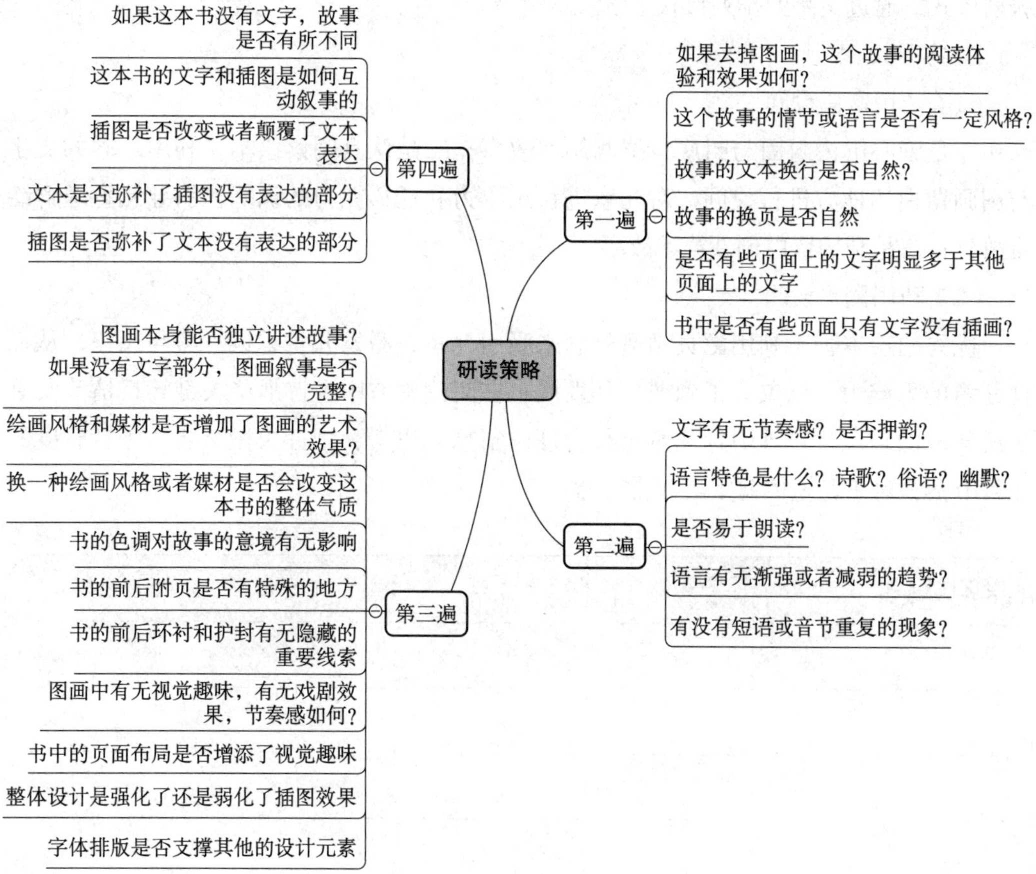

图 6-2　绘本研读策略

（四）绘本鉴赏的方法

绘本鉴赏基本方法主要有以下三个：第一，观察图片；第二，了解文字；第三，巧妙设问。

1. 如何观察图片

首先要认真把握重点和细节。绘本是用图文并茂，甚至没有文字的形式表现一个完整的故事，因此每个画面都有重点，这是故事情节的重要组成部分。其次要仔细观察色彩。图画主要借助线条、色彩和形状等美术形式来体现情感。一般来说，灰暗等冷色调会传递出忧伤、恐惧等负面的情感信息，而明亮、鲜亮的暖色调会传递出温暖、快乐的情感信息。最后要细心分析线条。在绘本中，线条也是一种语言。不一样的线条也能传递出不一样的信息和情感。比如，圆润、柔和的弧线会给人留下可爱等感受，而生硬、棱角分明的线条会给人带来紧张、恐惧等。

绘本阅读七步曲

2. 如何解读文字

一方面，朗读绘本故事中的文字，引导儿童了解故事梗概。另外还要观察文字的排列形式，通过文字的排列形式了解故事情节。

3. 巧妙设问

（1）巧用留白设问

一是细心解读封面与封底，猜测绘本故事；二是认真阅读绘本，利用绘本的文字与图画留白的地方进行设问，对儿童进行想象力和迁移能力的训练，引导儿童理解绘本故事；三是利用留白创新绘本故事。

（2）巧用翻页设问

优秀的绘本善于利用翻页制造悬念来吸引儿童，激发儿童积极思考与想象，从而使儿童的思维力、想象力得到锻炼和发展。在阅读鉴赏中掌握那些关键转折情节及翻页所造成的悬念，巧妙引导儿童进行合理的猜想和思考，把握快慢结合、张持有度的欣赏节奏，对于儿童体验审美非常有益。

学习笔记

任务二　幼儿绘本创作

▲ 任务描述

绘本创作是幼儿园教师必备的文学素养之一。本次学习任务以“健康防护”主题绘本创作入手，结合不同类型绘本的特点学习创作绘本，掌握绘本创作的方式方法。

▲ 学习目标

- 掌握绘本创作的原则与方法。
- 能够根据主题创作不同类型的绘本。
- 激发创新思维，具有创作意识。

【情境导入】

为了进一步提高幼儿的健康意识和卫生意识，大风车幼儿园开展了一场绘本创作活动，希望教师们创作一些“健康防护”主题绘本，帮助孩子们认识生活中的健康隐患，提高健康意识和卫生意识。

【思考答疑】

1. 幼儿园小朋友做好健康防护的措施有哪些？

2. 如何围绕“健康防护”主题进行绘本创作？回顾绘本类型、叙事节奏。

【实践演练】

请以小组为单位以“健康生活”为主题进行绘本创作，并交流分享。

《健康生活》自制绘本

【反思评价】

1. 你觉得绘本创作最重要的方法是什么？

2. 请你对本次任务进行评价。

评 价 内 容	自　　评
课堂活动参与度	☆☆☆☆☆
小组活动贡献度	☆☆☆☆☆
学习内容接受度	☆☆☆☆☆

【学习支持】

（一）绘本创作的原则

第一，要符合幼儿的理解水平。

第二，要符合幼儿的审美需要。

第三，要正确处理图文关系。

第四，要重视装帧设计。

（二）绘本创作方法

1. 绘本的图画创作方法具体表现

第一，构图自由。

第二，注重人物造型。

第三，注重运用色彩。

第四，充分利用绘本翻页的阅读方法。

第五，注重运用细节表现。

2. 绘本的文字创作方法具体表现

第一，文字画面感强。

第二，文字要有动态感。

第三，浅显生动，富于色彩。

第四，文字排列美观。

（三）绘本创作的基本流程

第一，确立脚本，清楚绘本内容。

第二，塑造角色，完成分镜设计。

第三，设计绘本主体内容。

第四，绘本制作阶段。

学习笔记

任务三　幼儿绘本教学

▲ **任务描述**

绘本教学活动是幼儿园常见的一种借助绘本开展的语言教育活动类型，旨在通过理解绘本故事的内容，发展早期阅读能力，促进口语能力的培养。本次学习任务以情境“绘本《团圆》活动设计与组织”入手，通过观摩一线教师的执教视频，掌握绘本教学活动的一般流程和方式方法，具有初步的幼儿绘本教学活动设计和组织能力。

▲ **学习目标**

- 掌握绘本教学活动设计的基本结构。
- 掌握绘本教学活动的常用方法。
- 能够设计与组织绘本教学活动。

【情境导入】

如果要为大班幼儿开展《团圆》绘本阅读教学活动，该如何设计与组织呢？

【思考答疑】

1. 对提供的绘本材料《团圆》进行鉴赏，尝试撰写作品分析，并谈谈对幼儿的教育价值。

作品分析	教育价值

2.《3～6岁儿童学习与发展指南》语言领域中对大班幼儿的阅读与书写的目标要求有哪些？

____

____

____

____

____

____

3. 观看视频，撰写教师执教活动的流程和教学方法。

活动流程	教学方法
环节一 环节二 环节三 ……	

绘本教学《肚子里有个火车站》

【实践演练】

请以小组为单位根据提供的材料进行教学活动设计，并选择一个教学节段进行模拟教学。

活动材料：《团圆》教学课件、背景音乐。

组别：	成员：	评分：
活动目标：1. 2. 3.		
活动准备：		
活动过程：		
活动延伸：		

【反思评价】

1. 你在绘本教学活动任务中有哪些收获与困难？

2. 请你对本次任务进行评价。

评价内容	自评
课堂活动参与度	☆☆☆☆☆
小组活动贡献度	☆☆☆☆☆
学习内容接受度	☆☆☆☆☆

【学习支持】

绘本活动设计的基本结构

第一层次：引出绘本——了解绘本线索，引发兴趣。

教师引导幼儿观察绘本封面，讨论与绘本相关的话题，包括言语创设、用直观教具创设、谜语等。对不同年龄班的幼儿来讲应有所区别。小班：言语结合图片、幻灯片、直观教具等。中、大班：提问、猜谜语等方式。

第二层次：引导阅读——理解故事内容，参与表达。

第一阶段：引导整体性阅读，可以结合教师讲述、视频播放、课件等方式与幼儿进行单幅画面阅读或者连续多幅画面阅读。单幅阅读关注书中角色的状态、表情、心理感受或者物体情境、画面细节。多幅画面连续阅读更多的关注人物的经历、行为或事情发生、发展以及变化。

第二阶段：引导多样化表达，深入理解故事内容。

深入理解绘本，主要是理解故事内容，感受绘本所传递的情感，教师可引导幼儿学习并使用绘本语言表述，模仿动作、表情或进行对话游戏等。

第三层次：延伸扩展——深入延续阅读，引发持续阅读。

如游戏、表演、讲述、扩编、续编等。

第四层次：迁移作品经验。

开展与作品主题相关的谈话活动，绘画、手工等动手动脑活动，帮助学前儿童迁移相关经验。

课后提升

一、绘本创作

请用 2 拍节奏创作一本关于梦想的绘本。

二、绘本教学实践

在幼儿园实习期间开展一节绘本教学活动，并撰写活动方案。

考核评价

评价阶段	评价内容	佐证	教师评价	学生自评	学生互评	平台评测	是否达标（达标√ 未达标 ×）
课前自学	“学堂在线”完成度	平台数据					
	自学自测	是否完成测试题					
课中实训	绘本鉴赏	作品分析					
	绘本创作	创作作品					
	绘本教学	教学方案撰写及模拟教学情况					
课后提升	课后作业	完成课后作业					

拓展资源

好书推荐：

1. 丹尼丝·I. 马图卡 . 图画书宝典 [M]. 王志庚，译 . 北京：北京联合出版公司，2017.

2. 彭懿 . 世界图画书阅读与经典 [M]. 北京：接力出版社，2011.

学习笔记

项目七　幼儿戏剧鉴赏与实践

【项目概述】

幼儿戏剧是幼儿文学中很重要的文学样式，它通过舞台表演的形式为幼儿提供了一个独特的审美享受。幼儿在观赏舞台演出时，会随着舞台角色或高兴或难过，并有可能参与演出，获得独特的艺术享受。幼儿戏剧演出也是幼儿园丰富幼儿情感、培养幼儿语言能力和进行审美熏陶的重要途径。幼儿教师要会改编、表演，并组织幼儿进行幼儿戏剧表演。

项目七学习导航

本项目重点学习幼儿戏剧的概念与类型、艺术特征和幼儿戏剧文学的特点，并在此基础上学习幼儿戏剧鉴赏、幼儿戏剧剧本改编与创作、幼儿戏剧表演。

【学习目标】

知识目标：

1. 了解幼儿戏剧文学的特点。
2. 理解幼儿戏剧的概念与类型和艺术特征。
3. 掌握幼儿戏剧改编与创作的基本要求。

能力目标：

1. 能进行幼儿戏剧改编与创作。
2. 能结合作品分析鉴赏幼儿戏剧。
3. 能够设计幼儿戏剧表演活动。

素质目标：

1. 感受幼儿戏剧的魅力，提高文学修养，增强文化自信。
2. 树立正确的职业理念，科学的儿童观、教育观，仁爱之心。
3. 美好品质：创新思维、自学能力、思辨能力。

案例先导

欣赏幼儿童话剧《小熊拔牙》，思考以下三个问题。

1. 该童话剧的教育意义。
2. 最吸引你的是哪个情节？
3. 谈谈幼儿戏剧对幼儿成长的独特价值。

童话剧：小熊拔牙

课前自学

一、幼儿戏剧的概念与类型

（一）幼儿戏剧的概念

戏剧通常指的是通过演员表演故事来反映社会生活中的各种冲突，以表演艺术为中心，融合了文学、音乐、舞蹈等多种成分的综合性舞台艺术。

幼儿戏剧是以幼儿为对象，符合幼儿的接受能力和欣赏趣味的戏剧。戏剧排演要用剧本，剧本是戏剧的基本组成部分，它为舞台提供脚本，同时也是一种可供阅读的文学体裁。

1. 以戏剧创作为主要内容

幼儿戏剧工作是这样的一个空间——儿童围绕某一共同感兴趣的主题，在教师的带领下，经由肢体、声音和语言，充分发掘自身的身体表现力，在故事创编中反映自身的独特经历，发挥自己的想象力、创造力以及解决问题的能力，在愉悦轻松的氛围中以小组的形式进行有意义的学习。幼儿戏剧以戏剧创作为主，辅以戏剧表达和戏剧表演。

2. 目标制定有两个层面

在目标制定上，幼儿戏剧工作一般有发展性目标和特定的戏剧目标两个层面。

（1）发展性目标

① 通过接受他人的思想和行动，鼓励小组互动、合作。

② 在结构化的框架中刺激并强化有分歧的想法和行为。

（2）特定戏剧目标

① 为儿童创造个性化的服装，使用可见的、可触摸的布料，以增强其对自发想象的角色认同。

② 通过即兴行为和对话提高与发掘儿童个体能力。

③ 通过在想象的场景中使用障碍物作为身体标志，促进儿童观点和幻想的外化。

④ 通过情节和人物关系的创造，促进儿童的戏剧行动自觉意识的发展。

⑤ 将自发表达的内容融进“表演”，由此使儿童反射、发掘出其家庭、邻里和社会占主流的价值观和道德观。值得注意的是，发展性目标多是从一般教学功能来讲的，围绕认知、技能、情感等方面的设置；而戏剧目标则重在挖掘戏剧艺术教育的独特价值，让儿童在体验戏剧魅力的过程中发展表达能力、创造能力和创造性思维能力。

（二）幼儿戏剧的类型

我国的戏剧种类繁多，但是幼儿戏剧的听赏对象是幼儿，所以常采取综合分类的方式。常见的戏剧种类是幼儿话剧、幼儿音乐剧、幼儿木偶剧、幼儿皮影戏等。

1. 幼儿话剧

幼儿话剧主要是以角色生动的对话、丰富的表情、戏剧性的动作在舞台上呈现故事，它的台词要求简练、浅显、生动、口语化，满足幼儿欣赏的要求。幼儿话剧中的角色形象有时是拟人化的动物，有时是生活中的人；所呈现的生活场景有时是超凡仙境，有时是现实社会；故事情节有时是超现实的，有时是幼儿生活故事的再现。例如，《三只小猪》通过三只小猪对付大灰狼的故事，让幼儿了解建造房子的知识的同时，也让幼儿受到教育。

2. 幼儿音乐剧

幼儿音乐剧，有的也称为幼儿歌舞剧。它是融合了音乐、歌曲、舞蹈、美术等艺术的综合音乐表演形式。幼儿音乐剧中的歌词浅显易懂，朗朗上口，节奏感强，符合幼儿的欣赏习惯，深受幼儿的喜爱。例如，中央电视台少儿频道推出的音乐游戏剧《我爱童话》以一本神奇的童话书为基础，巧妙地将孩子们熟悉的 5 个故事《聪明的汉斯》《小红帽》《丑小鸭》《三只小猪》《雪孩子》串联起来。《我爱童话》让演员们在童话与现实中玩起了“穿越”，他们只有完成童话任务，才能返回现实世界。而小观众们在其中起着极其重要的作用，他们不仅要帮助主持人完成任务，还要帮助演员们回到现实世界。演员们通过表演、游戏、舞蹈、歌唱等方式，将亲情、爱、团结、勇敢、追求自我的精神传达给所有的小朋友。

3. 幼儿木偶剧

木偶剧指的是由演员操纵木偶以表演故事的戏剧。木偶作为戏剧性的表演，出现在汉代。表演时，演员在幕后一边操纵木偶，一边演唱，并配以音乐。木偶戏的木偶可分为提线木偶（傀儡戏）、指头木偶（布袋戏）、杖头木偶等。幼儿园演出的木偶戏用的多数是指头木偶，也有提线木偶。前一种木偶容易制作，在幼儿园里教师和幼儿自己就能学会制作并使用；后一种木偶有时是专业剧团进行演出时专门制作的，有时是教师自制的。木偶戏可广泛利用各种剧本进行演出。例如，经典幼儿木偶剧《狼来了》通过简单的故事、生动的语言，达到了寓教于乐的目的。扬州市木偶研究所表演的木偶戏《白雪公主》《葫芦娃》《狐假虎威》《皇帝的新装》等，深受幼儿欢迎。

布偶贴剧欣赏

二、幼儿戏剧的艺术特征

幼儿戏剧和其他戏剧种类一样，要适合舞台演出，在内容、冲突、台词方面都有很高的要求。又因为欣赏对象是幼儿，所以幼儿戏剧又有其独有的特征。

（一）内容有趣、结构紧凑

幼儿戏剧是舞台艺术，受时间和空间的限制，舞台相对固定，时空变化不自由，再加上观赏者是幼儿，这就要求舞台表演时间不宜过长，剧本内容要有趣，结构安排要紧凑。创作者必须用较小的篇幅、较少的人物、较简单的场景将事件呈现在舞台上。

幼儿戏剧不仅是为了让幼儿观赏戏剧，还是为了对幼儿进行潜移默化的教育，培养幼儿的创造力和想象力，促进幼儿的生理和心理健康发展。如果幼儿戏剧是幼儿感兴趣的内容，他们就会积极地参与，进入戏剧中，并随着角色人物情感的变化而变化，从中得到极大的快乐和满足。幼儿的思维特征和理解能力决定了幼儿戏剧的情节结构不能拖沓。剧中一般包括一件事情，事件的发生、发展和结局组成一个紧凑的整体，在一个有限的空间里表现出有趣、丰富的内容。例如，童话剧《小蝌蚪找妈妈》让孩子感兴趣，情节结构紧凑。幼儿一听到“妈妈”就很高兴，因为这是幼儿最熟知的人物。小蝌蚪找不到妈妈了，幼儿一听也很难过。小蝌蚪一次次认错妈妈，幼儿就很着急。最后小蝌蚪找到妈妈了，幼儿也随之高兴。

（二）矛盾集中、冲突简单

戏剧文学是以冲突为基本的艺术，没有冲突就没有戏剧。幼儿戏剧也同样具有矛盾冲突。由于幼儿戏剧的接受对象是幼儿，必须符合幼儿的年龄特征、审美心理，因此其矛盾必须集中，呈现主要矛盾，冲突要简单，充满情趣。在幼儿戏剧中，一开始就要进入情节的起点，然后通过一层层的发展把事件推向高潮和结局，这样集中的矛盾便于激起幼儿的观赏兴趣。在幼儿戏剧中，冲突的设计也很简单，往往是真假、美丑、善恶之间的二元对立，这便于幼儿理解和接受。例如，童话剧《小熊请客》，情节简单，角色之间有冲突，可爱的小动物最后齐心协力赶跑了狐狸。这个戏剧对幼儿有很强的吸引力。

（三）语言生动、简洁、富有动作性

在戏剧文学中，剧中人物的语言是塑造形象、展示矛盾冲突的基本手段，要求简练、明确，富有动作化。幼儿戏剧也是如此，但是基于幼儿这一特殊的观赏群体，其语言要更加生动、简洁，富有形象化和动作化。在舞台上演出时，语言要符合幼儿的听赏和表达习惯，并且生动有趣，适合幼儿模仿和演出。例如，在柯岩的幼儿诗剧《小熊拔牙》中，妈妈不在家，小熊“熊鼻子抹一抹，熊耳朵拉两拉，熊头发梳三下，嗯，就不爱刷牙”。小熊吃蜂蜜和果子酱时，“一勺，一盘，一大碗”。后来看医生，六人齐拔牙，“‘咕咚’，大家一起摔倒在地”。这个幼儿戏剧简洁、生动、动作化的台词使角色个性化，适合幼儿表演。

三、幼儿戏剧文学的特点

幼儿戏剧作为戏剧的一个组成部分，也要遵循戏剧的基本艺术规律，但是它的观众——幼儿观赏心理和表演方式的特殊性，使其从内容到形式又增添了一些自己的特点。

（一）游戏的娱乐性和集体参与性

幼儿戏剧在题材选择、戏剧冲突、情境设置等方面，要顺应幼儿的心理发展水平，符合幼儿的接受能力。越是低龄儿童，这方面的特性越突出。低幼儿童不能接受说教味浓厚的戏剧，更适合接受在游戏的过程中体验的戏剧。

（二）富有儿童情趣的戏剧冲突

冲突是戏剧的灵魂，幼儿戏剧同样如此。不过，幼儿戏剧中的冲突要考虑不同儿童的特点，也就说戏剧冲突要根据他们的生活经验，在他们可接受的范围内展开，并且要调动多种艺术手段，创造浓郁的儿童情趣。这种趣味性不是强加在作品之上，而是创作者要找到能够与儿童产生共鸣的兴趣点，然后挖掘出来，糅合到戏剧作品中，与作品浑然一体。

（三）语言动作化、形象化

动作化与形象化是所有戏剧语言的特征。幼儿戏剧特殊的观赏对象决定了剧作者对戏剧的语言要求更加严格。戏剧语言一般分为舞台提示语言、角色语言和旁白。角色语言又分为对白和独白。其中对白是人物语言在戏剧中的基本表现形式。戏剧语言的动作化与形象化最突出地表现在角色语言中。

（四）人物性格鲜明，情节紧凑，故事性强

幼儿戏剧要致力于创造典型环境中的典型人物，通过戏剧的矛盾冲突来展现人物的形象。适合成年人观看的戏剧，往往力求在简短的剧情内塑造复杂而深刻的人物性格，而儿童剧则要求人物性格要鲜明，只有这样，孩子们才能很快进入剧情，马上分辨出谁是好人、谁是坏人，然后带着爱憎分明的感情去观赏。另外，孩子注意力集中时间较短，注意力容易分散，所以，幼儿戏剧的情节必须紧凑，故事要在短时间内完成，否则就无法吸引幼儿的注意力。还有，孩子们看戏，总是从有趣的故事出发，所以，引人入胜的故事对于幼儿戏剧来说也是至关重要的。

幼儿戏剧文学是整个戏剧文学的一个组成部分，它具有一般戏剧文学的艺术特征，遵循一般戏剧创作的普遍规律，但又具有自己的特殊性。这些特殊性来自儿童观众的年龄、心理特征以及由此产生的独特审美需求。

（资料来源：刘海丽，朱福芳，高小焱. 幼儿文学阅读与指导 [M]. 北京：北京师范大学出版社，2016.）

自学自测

一、单项选择题

1. 以幼儿为对象，符合幼儿的接受能力和欣赏趣味的戏剧，被称为（　　）。

A. 幼儿诗　　B. 儿歌　　C. 幼儿戏剧　　D. 幼儿故事

2. 以角色生动的对话、丰富的表情、戏剧性的动作在舞台上呈现故事，它的台词要求简练、浅显、生动、口语化，满足幼儿欣赏的要求的幼儿戏剧类型是（　　）。

A. 幼儿话剧　　B. 幼儿音乐剧　　C. 幼儿木偶剧　　D. 幼儿皮影戏

3. 融合了音乐、歌曲、舞蹈、美术等艺术的综合音乐表演形式是（　　）。

A. 幼儿话剧　　B. 幼儿音乐剧　　C. 幼儿木偶剧　　D. 幼儿皮影戏

二、简答题

1. 幼儿戏剧文学的特点是什么？

2. 幼儿戏剧的艺术特征是什么？

学习笔记

课中实训

任务一　幼儿戏剧鉴赏

▲ 任务描述

幼儿戏剧鉴赏是幼儿园教师必备文学素养之一。本次学习任务以幼儿戏剧欣赏活动入手，结合具体幼儿戏剧素材，学习从幼儿戏剧冲突、幼儿戏剧台词鉴赏、舞台形象的鉴赏等方面进行幼儿戏剧鉴赏，掌握幼儿戏剧鉴赏的方式方法。

▲ 学习目标

- 掌握幼儿戏剧的特点。
- 能够从幼儿戏剧冲突、幼儿戏剧台词鉴赏、舞台形象的鉴赏等方面进行幼儿戏剧鉴赏。
- 学习鉴赏幼儿戏剧，提高文学修养，增强文化自信。

【情境导入】

儿童节快到了，大二班的李老师要排练幼儿戏剧《没有牙齿的大老虎》，请阅读《没有牙齿的大老虎》剧本并做出赏析。

《没有牙齿的大老虎》剧本

【思考答疑】

你认为幼儿戏剧《没有牙齿的大老虎》哪里写得好？

____

____

____

____

【实践演练】

1. 请从幼儿戏剧冲突、幼儿戏剧台词鉴赏、舞台形象的鉴赏等方面对《没有牙齿的大老虎》进行鉴赏。

《没有牙齿的大老虎》幼儿戏剧鉴赏

2. 搜集整理一些优秀的幼儿戏剧剧本，以小组形式进行鉴赏汇报展示。

【反思评价】

1. 你觉得鉴赏幼儿戏剧最重要的方法是什么？

2. 请你对本次任务进行评价。

评 价 内 容	自　评
课堂活动参与度	☆☆☆☆☆
小组活动贡献度	☆☆☆☆☆
学习内容接受度	☆☆☆☆☆

【学习支持】

幼儿戏剧是专门给幼儿观看的戏剧。戏剧本来就是一种综合性的艺术，它在形象色彩和声音上展现了自己的艺术力量。幼儿戏剧从内容到形式都考虑到了幼儿的年龄阶段的接受能力、欣赏趣味、教育需要，形成了一种独特的适合幼儿观赏和表演的文艺形式，所以深受幼儿喜爱。在鉴赏幼儿戏剧时必须要把握幼儿戏剧和其他幼儿文体的区别，感受幼儿戏剧独特的艺术魅力。

（一）幼儿戏剧冲突的鉴赏

尖锐的戏剧冲突是戏剧的基本特征，没有冲突就没有戏剧。幼儿戏剧冲突往往不像成人戏剧那样尖锐复杂，但在单纯的戏剧情节中充满奇妙的幻想和盎然的情趣。

优秀的幼儿文学作家在创作幼儿戏剧时，非常重视编织剧作的核心情节，因为有一个贯穿始终的核心事件，容易把戏写得集中、精练。它要求在大的冲突的线索上包含其他小的冲突，前一个冲突孕育着后一个小冲突，后一个小冲突是前一个小冲突的必然发展，就是我们常说的："一波未平，一波又起"，造成一个又一个的悬念，逐步地将戏剧推向高潮。

（二）幼儿戏剧台词的鉴赏

戏剧的台词不同于其他文体中的人物对话，它肩负着展开冲突、塑造形象、表现主题的重任。在戏剧里，人物的内心活动不可能像抒情文学和叙事文学中的心理描写那样，只停留在单纯的感受和情绪的状态上，而必须发展成为一种行为动机，通过努力转化为外部动作。戏剧里除了舞台指示之外都是人物语言和动作，剧中的人物必须依靠自己的一言一行来完成塑造，因此鉴赏戏剧的关键就是对台词的鉴赏。

戏剧语言特别讲究动作性。幼儿戏剧的动作性更多地借助人物的舞台动作，很少借助对白和内心独白来表达思想。所以在鉴赏幼儿戏剧时主要通过分析人物直观的外部动作来领会人物的内在情感和性格特征，从而把握戏剧的思想内涵。

（三）舞台形象的鉴赏

戏剧靠人物表演故事，依靠人物的言行来展开情节，表演是基础，人物塑造是中心。没有人物就没有故事，就没有剧情，也没有冲突。剧作家总是通过人物形象塑造来传达他对生活的体验、看法、主张。所以，鉴赏戏剧文学、观赏戏剧就要看舞台形象塑造得如何。幼儿戏剧中的人物一般以刻画外部形象为主，很少描写人物心理活动，不求全面、复杂、深刻。但出现在舞台上的形象却必须个性鲜明、血肉丰满，而且行为的对与错、是与非、正与邪、勤与懒黑白分明。不管是儿童、成人还是人格化的物，一旦在舞台上出现都必须立得起来，他们一方面具有幼儿情趣和自己独有的性格，另一方面，不能只是个传声筒，说着别人让他说的话。

幼儿戏剧短小，刻画人物注重抓住某个侧面来反映某方面的特征，但就其表现出来的某一瞬间或某一片段，却应该是丰满而鲜明的，性格冲突是具体生动的。这里说的“丰满”是人物形象具有幼儿心理、幼儿情趣、幼儿幽默，所虚拟的动物植物能做到“人性”和“物性”的有机完美的结合，也就是它是个活生生的、立得起来的形象。说到底，鉴赏幼儿戏剧，就是看舞台形象的真实性，也就是看是否能让观众信以为真，只有这样的舞台形象才能感染人、打动人，从感情上受到影响。

（资料来源：张喜梅，南易．幼儿文学阅读鉴赏与训练 [M]. 长春：吉林大学出版社，2016.）

学习笔记

任务二　幼儿戏剧剧本改编与创作

▲ 任务描述

幼儿戏剧剧本改编与创作是幼儿园教师必备的文学素养之一。本次学习任务以改编绘本《猜猜我有多爱你》入手，结合幼儿戏剧的特点学习改编与创作幼儿戏剧，掌握幼儿戏剧改编与创作的方法。

《猜猜我有多爱你》绘本

▲ 学习目标

- 掌握幼儿戏剧剧本创作的原则与方法。
- 能够根据主题改编与创作幼儿戏剧。
- 激发创新思维，具有创作意识。

【情境导入】

六一儿童节要到了，太阳花幼儿园开始了准备工作。朵朵班的教师准备改编《猜猜我有多爱你》这个绘本进行表演。

【思考答疑】

1. 故事的开端、发展、高潮和结局是什么？设计适合舞台演出的矛盾冲突。

2. 改编语言，让语言更有动作性。

【实践演练】

以小组为单位，尝试撰写《猜猜我有多爱你》的幼儿剧剧本，并交流分享。

《猜猜我有多爱你》剧本

【反思评价】

1. 你觉得幼儿戏剧创作最重要的方法是什么？

2. 请你对本次任务进行评价。

评 价 内 容	自　评
课堂活动参与度	☆☆☆☆☆
小组活动贡献度	☆☆☆☆☆
学习内容接受度	☆☆☆☆☆

【学习支持】

幼儿戏剧是幼儿喜爱的一种文学形式，幼儿非常喜欢观赏并愿意参与表演。我国幼儿戏剧创作无法满足幼儿对戏剧的需求。作为未来的幼儿教师，要搜集幼儿戏剧作品，找到适合幼儿观赏的戏剧；也可以挑选其他幼儿作品门类，对作品进行改编。幼儿戏剧的改编是依据原有作品进行的文学再创造活动，一种是对戏剧文学的改编，一种是对非戏剧文学的改编。作为幼儿教师，具体应该注意以下几个方面。

（一）符合幼儿的审美心理和观赏趣味

幼儿戏剧进行再创造时，首先要遵守戏剧的一般规律，然后关注幼儿这一特殊年龄段的读者。幼儿一般都能接受色彩鲜艳的图画、优美的旋律、欢快的节奏和儿歌，并在听赏中感受愉悦和快乐。进行幼儿戏剧的改编要考虑改编后的作品是不是适合舞台演出，是否符合幼儿审美心理和观赏趣味。

一般来说，选择改编的作品线索简单、情节完整、人物形象鲜明、矛盾冲突紧张，适宜改编的作品有童话、故事和寓言。例如，《小蝌蚪找妈妈》《绿野仙踪》《渔夫和金鱼的故事》《木偶奇遇记》《皇帝的新装》等作品，演出后幼儿非常喜欢。

（二）巧妙设计戏剧冲突

选择原作品以后，要整体把握作品情节，确定故事的开端、发展、高潮和结局，然后设计适合舞台演出的矛盾冲突。根据情节设计矛盾冲突时，有时可以不改变原作情节；有时可以忠于主要情节，添加或删减次要情节；有时可以改变情节。这样做的目的就是使戏剧冲突更紧张。例如，青岛幼儿师范学校演出的童话剧《皮诺乔》，学生在忠于原作的基础上，简化情节，增加戏剧冲突，呈现出一台精彩的童话剧。

（三）角色的台词富有动作性

在戏剧舞台上，吸引观众的主要是角色的台词，因此在改编时，要把文本的叙述语言改为台词，如果有的内容很难用台词表达，可以用唱和旁白解说。为了吸引观众，要精心地设计角色的动作，也可以把语言转化为动作。例如，青岛幼儿师范学校改编的幼儿剧《小蝌蚪找妈妈》，语言口语化，小蝌蚪一次次找妈妈未果时的表情和动作，给幼儿留下了深刻的印象。

（资料来源：张喜梅，南易．幼儿文学阅读鉴赏与训练 [M]. 长春：吉林大学出版社，2016.）

学习笔记

任务三　幼儿戏剧表演

▲ 任务描述

幼儿戏剧表演是幼儿园教师必备的职业能力之一。本次学习任务尝试用不同的形式编排和表演幼儿戏剧，掌握幼儿戏剧表演的方式方法，体验幼儿戏剧表演的乐趣和幼儿教师应具有的童心童趣。

▲ 学习目标

- 掌握幼儿戏剧的表演形式和表演技巧。
- 能运用合适的形式编排和表演幼儿戏剧。
- 体验幼儿戏剧表演的乐趣和幼儿教师应具有的童心童趣。

【情境导入】

六一儿童节快到了，朵朵班的老师改编好了《猜猜我有多爱你》剧本，带领大家表演。

【思考答疑】

1. 在表演戏剧之前需要做些什么准备？

2. 思考幼儿戏剧排练时需要注意的问题。

【实践演练】

以小组为单位，排演一部幼儿戏剧，并进行展示交流。

【反思评价】

1. 你觉得幼儿戏剧表演对幼儿的价值有哪些？
2. 请你对本次任务进行评价。

评价内容	自　评
课堂活动参与度	☆☆☆☆☆
小组活动贡献度	☆☆☆☆☆
学习内容接受度	☆☆☆☆☆

【学习支持】

幼儿戏剧表演中的指导策略

（一）精心设计，为幼儿创设童话般的表演环境

道具、场景的提供是戏剧游戏的物质基础。俗话说“巧妇难为无米之炊”，表演也一样，不能缺少道具、服装和场景，合适的道具是表演游戏必不可少的物质材料，它能吸引幼儿，激发幼儿参与游戏的愿望与兴趣，提示幼儿在一定的游戏情景中进行表演。以往在每次表演游戏前，教师会根据表演的作品确定需要哪些道具，在指导游戏前还要反复交代幼儿道具的摆放位置与使用方法，幼儿只是被动接受，不利于其主体性的发挥。比如，表演《三只小猪》时，播放《三只小猪》的动画片，在多种感官的调动下，看故事更给人一种愉悦的情绪体验。幼儿看到了三只小猪和大灰狼的形象及动作，看到了稻草的柔软，看到了砖头的坚硬。不仅听到了故事角色的对话，还跟着音乐的情绪体验轻快与紧张。看完一遍，孩子们意犹未尽。

此外，教师要为幼儿提供足够的表演空间和场地。如表演游戏《小熊请客》中创设了两个场景：大树下和小熊家；当狐狸和第一只小动物说话时，小熊也正在家里打扫收拾整理；当狐狸敲小熊家的门没有回应时，狐狸“生气地”直踹大门，为幼儿创设了童话般的表演环境。

（二）建立必要的“表演程序”，为游戏推进创造条件

戏剧表演是依据剧本发挥想象进行的，它带有一定的表演色彩，比如角色分配、角色装扮、道具准备、场景布置和出场顺序、台词表述以及谢幕等，这些是基本流程。因此，根据表演游戏的特点和流程，和幼儿共建游戏“表演程序”：第一，抓角色特点，放细枝末节。角色塑造是表演游戏中的重要方面，也是其中的难点。要想塑造好角色，重要的是要理解角色，角色的形象特点、性格特点、心理活动发展、情绪情感变化等。人物了解越全面、充分、深入，表演角色时才会更有兴趣、变化和创造。例如，故事《小熊请客》，教师问小动物说话的声音一样吗？狐狸的声音是什么样的？幼儿回答尖的声音，细细的。意在为幼儿表演游戏中的角色做铺垫。第二，抓故事脉络，对话复述。故事的表演游戏是剧本，所以重要的是让幼儿理解故事的情节、发展线索。

（三）兴趣为幼儿的表演提供支撑

兴趣与能力是相辅相成的，倘若幼儿缺少必要的表演技能，也将影响表演的兴趣和热情。例如，表演《三只小猪》时，在语言、动作、表情等方面能大胆表现角色的性格特征；学习与同伴协商，轮流扮演角色，合作做游戏。经过培养，幼儿对表演游戏的兴趣更浓，已能按意愿选择角色，合作游戏能力逐渐提高，会协商，轮流扮演角色。但幼儿还不能随着故事情节的发展做出相应的表情，幼儿乐于参与创编活动，但还只处于初级阶段，都有待于继续培养。

在表演活动中，孩子们的表演内容还要定期更换，当孩子们对某一个戏剧主题已经非常熟悉时，教师只要出示剧中的几个标志性的场景或道具，他们就能按指定主题进行表演。例如，当教师提供树林、房子和三只兔子的头饰时，孩子们就知道今天表演的是“小兔乖乖”；当教师提供池塘和小鸭的头饰时，孩子们就会去表演“迷路的小花鸭”，等等。

（四）有效指导，为幼儿的表演增添乐趣

有效的指导不仅可以提升戏剧游戏的质量，也让幼儿切实体验到表演的乐趣。表演游戏在表演时是要根据自己对作品、角色情节的了解，在语言、动作上进行想象、创造，增添改动，所以它也是一种富有创造性的游戏。游戏中有些幼儿由于记不住，就采取跳过的方式，这一点说明幼儿缺乏拓展故事情节的能力，也就是缺乏创新意识。有效的点拨，就是要在孩子的问题情景一旦产生时，教师要能够提出一些开放性的问题。比如孩子提出的有两只狐狸时，我们就问孩子：“狐狸出现过几次，它的家在哪儿啊？”这样的问题一提出，孩子们就想到了，有可能是森林、房子，等等。由此可以帮助孩子拓展出新的故事情节，帮助幼儿解决表演过程中遇到的难题，使孩子们的表演更加充实丰满。

（资料来源：展萍．幼儿戏剧表演中的指导策略 [J]. 课程教育研究·学法教法研究，2018.）

学习笔记

课后提升

一、幼儿戏剧改编

把安徒生的童话《皇帝的新衣》改编成幼儿戏剧。

二、幼儿戏剧表演

在幼儿园实习期间排演《皇帝的新衣》，并写出排练感受。

考核评价

评价阶段	评价内容	佐证	教师评价	学生自评	学生互评	平台评测	是否达标（达标√ 未达标 ×）
课前自学	自学自测	是否完成测试题					
课中实训	幼儿戏剧鉴赏	作品鉴赏					
	幼儿戏剧剧本改编与创作	改编与创作作品					
	幼儿戏剧表演	表演作品					
课后提升	课后作业	完成课后作业					

拓展资源

华心怡 . 纪念任德耀诞辰百年 [N]. 新民晚报，2018-10-17.

儿童戏剧的先锋——任德耀

参 考 文 献

[1] 蒋风 . 幼儿文学教程 [M]. 南京：东南大学出版社，1999.

[2] 蒋风，韩进 . 中国儿童文学史 [M]. 合肥：安徽教育出版社，1998.

[3] 杜传坤 . 20 世纪中国幼儿文学史论 [M]. 北京：北京大学出版社，2020.

[4] 朱自强 . 中国儿童文学与现代化进程 [M]. 杭州：浙江少年儿童出版社，2000.

[5] 韦苇 . 世界儿童文学史 [M]. 合肥：安徽教育出版社，2015.

[6] 吴翔宇 . 五四儿童文学的中国想象研究 [M]. 北京：北京师范大学出版社，2014.

[7] 吴其南 . 20 世纪中国儿童文学的文化阐释 [M]. 北京：中国社会科学出版社，2012.

[8] 徐兰君 . 儿童的发现 [M]. 北京：北京大学出版社，2011

[9] 郑飞艺 . 幼儿文学 [M]. 上海：华东师范大学出版社，2014.

[10] 陈小强，谢娟 . 幼儿文学 [M]. 重庆：重庆大学出版社，2015.

[11] 张喜梅，南易 . 幼儿文学阅读鉴赏与训练 [M]. 长春：吉林大学出版社，2016.

[12] 刘海丽，朱福芳，高小焱，等 . 幼儿文学阅读与指导 [M]. 北京：北京师范大学出版社，2016.

[13] 李光迪，等 . 中国童谣 [M]. 北京：朝华出版社，2018.

[14] 蒋应武，冯杰 . 学前必读大卡 – 读儿歌 [M]. 杭州：浙江少年儿童出版社，2012.

[15] 金波 . 柯岩作品精选 [M]. 石家庄：河北少年儿童出版社，1998.

[16] 任溶溶，鲁兵，圣野 . 幼儿文学选（1949—1979）[M]. 北京：人民文学出版社，1981.

[17] 王宜振，等 . 中国最美的新童谣：小蚱蜢 [M]. 重庆：重庆出版社，2004.

[18] 华心怡 . 纪念任德耀诞辰百年 [N] . 新民晚报，2018-10-17.

[19] 韦苇 . 韦苇童诗童话馆——500 双鞋子 [M]. 北京：电子工业出版社，2013.

[20] 林焕章 . 妹妹的红雨鞋百年百部（美绘注音版）[M]. 武汉：长江少年儿童出版社，2021.

[21] 冰波 . 桃树下的小白兔 [M]. 武汉：长江少年儿童出版社有限公司，2019.

[22] 钟锐 . 365 夜睡前故事 [M]. 南京：江苏科学技术出版社，2018.

[23] 腾翔 . 让孩子聪明伶俐的快乐故事 [M]. 北京：中国电影出版社，2013.

[24] 买艳霞 . 幼儿教师故事讲述训练 [M]. 上海：华东师范大学出版社，2015.

[25] 黄冬冬 . 幼师童话故事训练 [M]. 北京：北京理工大学出版社，2019.

[26] 彭懿 . 世界图画书阅读与经典 [M]. 南宁：接力出版社，2011.

[27] 邱冠华 . 亲子阅读 [M]. 北京：国家图书馆出版社，2010.

[28] 陈晖 . 图画书的讲读艺术 [M]. 南昌：二十一世纪出版社，2010.

[29] 郝广才 . 好绘本如何好 [M]. 南昌：二十一世纪出版社，2009.

[30] 诺德曼 . 儿童文学的乐趣 [M]. 北京：中国少年儿童出版社，2008.

[31] 周兢 . 早期阅读发展与教育研究 [M]. 北京：教育科学出版社，2007.

[32] 松居直 . 幸福的种子 [M]. 济南：明天出版社，2007.

[33] 阿甲，徐凡，唐洪 . 中国父母最该知道的——儿童阅读 100 个关键问题 [M]. 北京：北京出版社，2005.

[34] 方卫平 . 儿童文学教程 [M]. 北京：高等教育出版社，2004.
[35] 松居直 . 我的图画书论 [M]. 郭雯霞，徐小洁，译 . 上海：上海人民美术出版社，2009.
[36] 吉姆・崔利斯 . 朗读手册 [M]. 沙永玲，麦奇美，麦倩宜，译 . 海口：南海出版社，2009.
[37] 松居直 . 幸福的种子——亲子共读图画书 [M]. 济南：明天出版社，2007.
[38] 波曼主，等 . 渴望学习：教育我们的幼儿 [M]. 吴亦东，译 . 南京：南京师范大学出版社，2005.
[39] 陈晖 . 图画书的讲读艺术 [M]. 南昌：二十一世纪出版社，2010.
[40] 诺德曼，雷默 . 儿童文学的乐趣 [M]. 陈中美，译 . 上海：少年儿童出版社，2008.
[41] 赵忠心 . 家庭教育学——教育子女的科学与艺术 [M]. 北京：人民教育出版社，2001.
[42] 徐雪珍，等 . 幼儿阅读指导手册 [M]. 上海：上海科学技术出版社，2004.
[43] 金忠明，邵育群 . 孩子一生的阅读计划 [M]. 上海：少年儿童出版社，2000.
[44] 邱冠华 . 亲子阅读 [M]. 北京：国家图书馆出版社，2010.
[45] 葛琦霞 . 当绘本遇见戏剧：教室里的小剧场 [M]. 北京：外语教学与研究出版社，2017.